TETSU-
TORE!

Railway Drill
with 45 Tips
for a Day Trip

鉄トレ!

謎解き鉄道ミニトリップ

屋敷直子＝著
結解喜幸＝監修

JN165185

交通新聞社

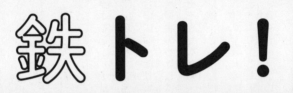

はじめに

Prologue

「鉄道が好きです」と言うと、相手は一瞬の沈黙ののち、さまざまな反応が返ってくる。たいていは、「そうですか」と言ったきり会話が終了するが、「乗り鉄とか、撮り鉄とかあるみたいですけど、どの分野ですか」「おすすめの駅弁はありますか」「わたし○○の出身なんですけど、行かれたことありますか」と、精いっぱいの気遣いでコミュニケーションを続けてくれようとすることもある。稀《まれ》に、年季の入った鉄道愛好家の方に出会うと、いきなり車両の形式の話になったり、撮影スポットの探り合いになったり、廃線になってしまった路線の思い出話になったりして、若輩者のわたしはひたすら知識を吸収すべく話を拝聴する。なんならメモをとりながら。おもしろいのは、一度鉄道の話をすると「ヤシキさんは鉄」という記憶が人びとに深くインプットされるらしく、次回も鉄道関連の話題になったり、同好の士を紹介してくれたりするのだ。ありがたい。鉄道には博愛の精神がある。

月刊誌『散歩の達人』で、2013年9月号から2018年1月号まで、約4年半にわたって「時刻表からはじめよう」という連載を担当していた。鉄道のエキスパート結解師匠から、毎月メールが届き、弟子のわたしが時刻表を活用して旅に出るという内容だ。当初は、師匠が旅程を立ててくれた（レベル1）が、テーマに沿って弟子が旅程を考えるようになり（レベル2）、最終的には師匠から問題が出され、弟子は時刻表を使ってそれを解かないと出発できない（レベル3）というように、難度が増していった。

この本でも、そうしたレベルは踏襲されている。提示された旅程をそのまま実行するもよし、戯れに問題を解いてみるのもよし。いずれにしても、旅行ガイドブックとは違った、鉄道トレーニング＝鉄トレの要素を盛り込んであるので、一歩踏み込んだ鉄道の楽しみ方ができると思う。箱根の乗り物パラダイスを存分に楽しむものから、たった一駅を12時間かけてたどり着くものまで、天国と地獄が分け隔てなく載っている。どちらかといえば、なぜこんな苦行を……？　という行程を、ぜひ一度、体験してみてほしい。鉄道が単なる移動手段ではなく、土地土地に根付いた愛すべき乗り物であると実感できる、かもしれない。そして自分のお気に入りの路線や駅を見つけて、大事にしてほしい。博愛の精神で。

目次

Contents

Level 1：師匠が提示したテーマ・旅程に沿って、弟子が旅に出る。
Level 2：師匠が提示したテーマに沿って、弟子が旅程を作り旅に出る。
Level 3：師匠が出す問題を弟子が解き、正解と思われる旅程を作り旅に出る。

気になる路線

おもしろい運行形態

近いのに長い旅

目次

Contents

よく見るとすごい駅

※本書は月刊『散歩の達人』の連載「時刻表からはじめよう」(2013年9月号〜2018年1月号)に加筆・修正したものですが、時刻・料金・列車・きっぷおよび『JR時刻表』『MY LINE 東京時刻表』(小社刊)より転載した時刻表・さくいん地図などは取材当時のものです。取材時期は各回の最終ページに記載しています。ただし、「師匠から弟子へ」欄の情報は2018年2月現在のものです。

路線さくいん

【広域編】

本書の旅の中で登場する路線と、登場する回を太字で掲載しています。
気になる路線から、その路線が関係するミッションを探してみてください。
①〜㊸＝vol.01〜43　㊥＝中間試験　㊎＝卒業試験

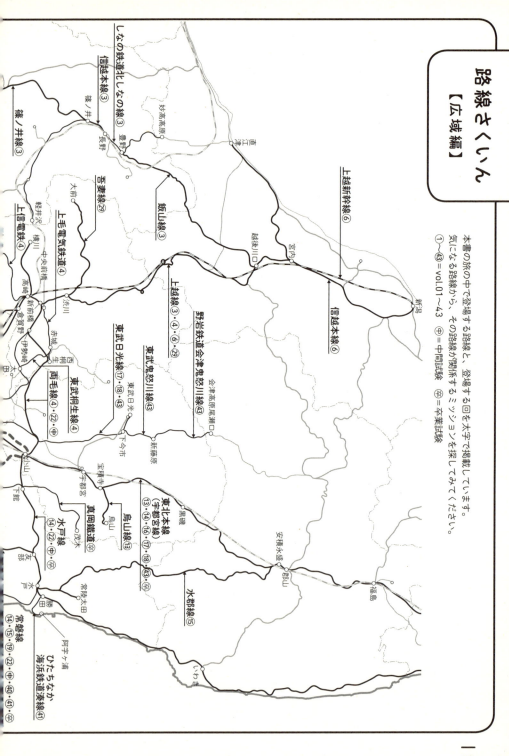

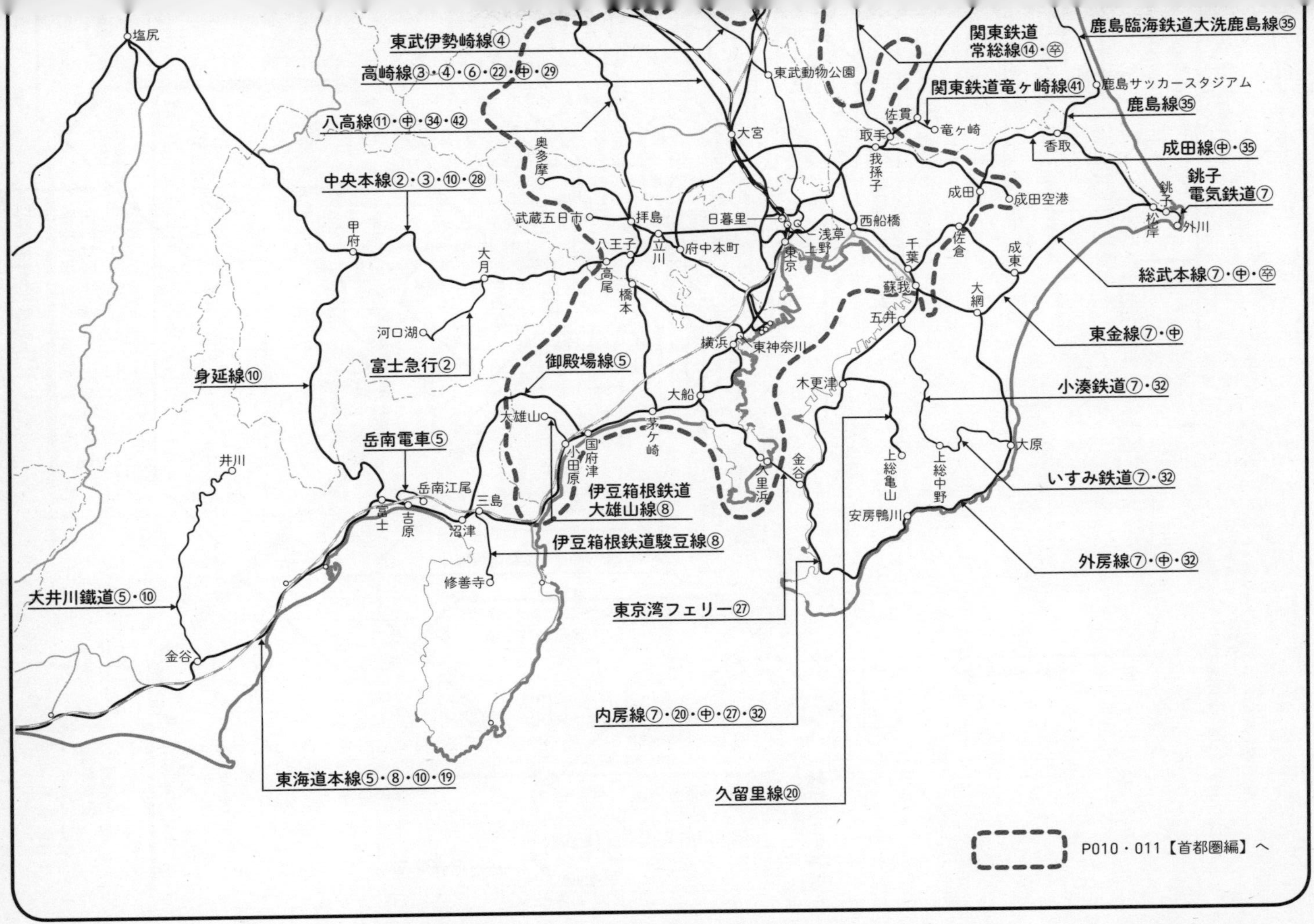

東武伊勢崎線④
高崎線③・④・⑥・㉒・㊥・㉙
八高線⑪・㊥・㉞・㊷
中央本線②・③・⑩・㉘
富士急行②
身延線⑩
岳南電車⑤
御殿場線⑤
伊豆箱根鉄道大雄山線⑧
伊豆箱根鉄道駿豆線⑧
大井川鐵道⑤・⑩
東海道本線⑤・⑧・⑩・⑲
東京湾フェリー㉗
内房線⑦・⑳・㊥・㉗・㉜
久留里線⑳
関東鉄道常総線⑭・(卒)
関東鉄道竜ヶ崎線㊶
鹿島臨海鉄道大洗鹿島線㉟
鹿島線㉟
成田線㊥・㉟
銚子電気鉄道⑦
総武本線⑦・㊥・(卒)
東金線⑦・㊥
小湊鉄道⑦・㉜
いすみ鉄道⑦・㉜
外房線⑦・㊥・㉜
塩尻
甲府
大月
河口湖
奥多摩
武蔵五日市
拝島
八王子
立川
府中本町
高尾
橋本
大宮
東武動物公園
日暮里
浅草
上野
東京
西船橋
我孫子
取手
佐貫
竜ヶ崎
鹿島サッカースタジアム
香取
成田
成田空港
銚子
松岸
外川
佐倉
千葉
成東
蘇我
大網
五井
横浜
東神奈川
大船
茅ケ崎
大雄山
小田原
国府津
木更津
上総亀山
上総中野
大原
安房鴨川
久里浜
金谷
井川
金谷
富士
吉原
岳南江尾
三島
沼津
修善寺
P010・011【首都圏編】へ

※上野東京ライン(東北本線〈宇都宮線〉・高崎線)は日暮里駅には停車しません。
上野東京ライン(常磐線・成田線)は品川駅発着です。

路線さくいん
【首都圏編】

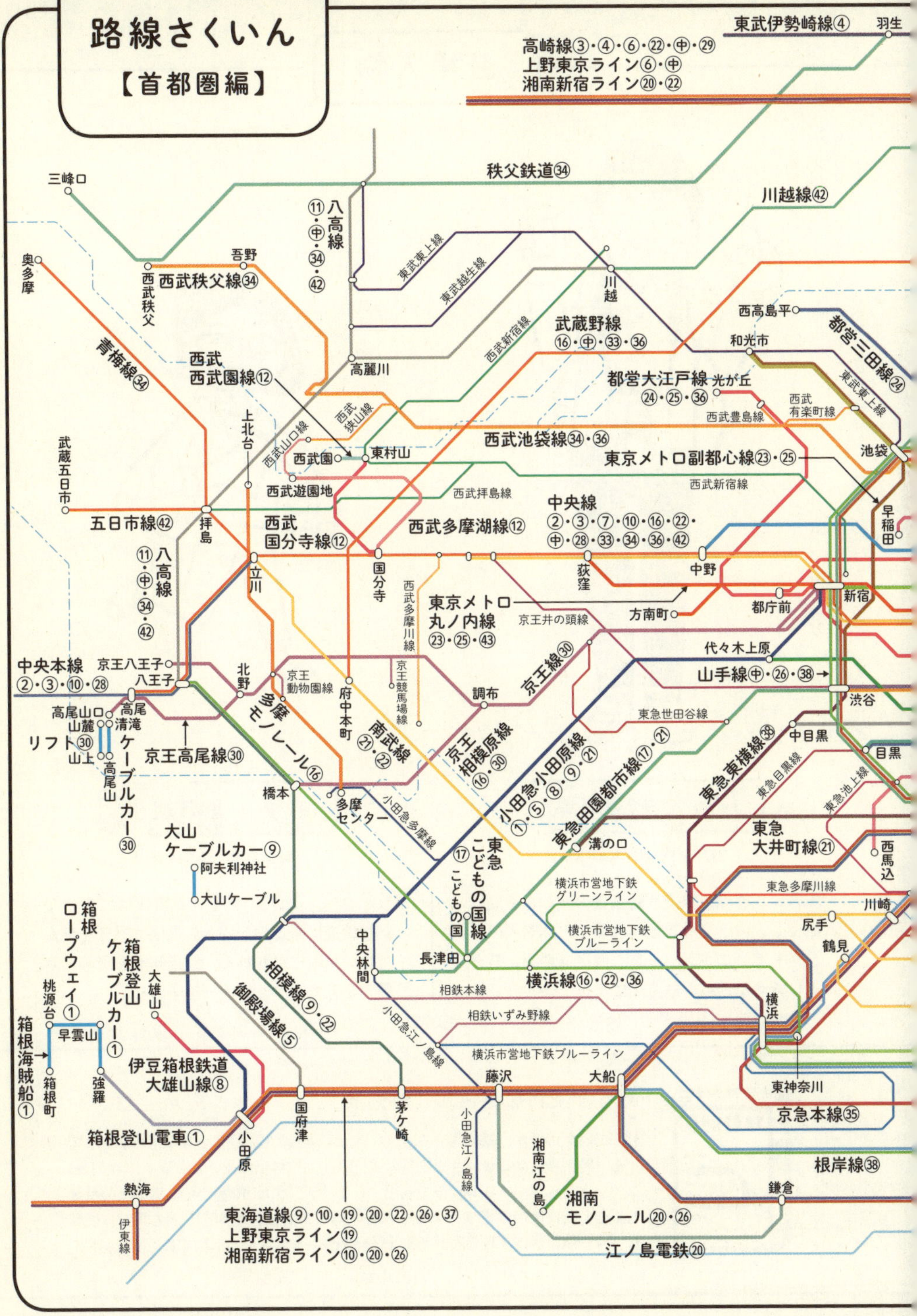
東武伊勢崎線④
羽生
高崎線③・④・⑥・㉒・㊥・㉙
上野東京ライン⑥・㊥
湘南新宿ライン⑳・㉒
秩父鉄道㉞
三峰口
川越線㊷
八高線⑪・㊥・㉞・㊷
東武東上線
東武越生線
西武秩父線㉞
吾野
西武秩父
奥多摩
青梅線㉞
川越
西武新宿線
武蔵野線⑯・㊥・㉝・㊱
西高島平
和光市
都営三田線㉔
東武東上線
都営大江戸線㉔・㉕・㊱
光が丘
西武有楽町線
西武豊島線
西武西武園線⑫
高麗川
上北台
西武狭山線
西武山口線
西武園
東村山
西武遊園地
西武池袋線㉞・㊱
池袋
東京メトロ副都心線㉓・㉕
西武新宿線
武蔵五日市
西武拝島線
早稲田
五日市線㊷
拝島
西武国分寺線⑫
西武多摩湖線⑫
中央線②・③・⑦・⑩・⑯・㉒・㊥・㉘・㉝・㉞・㊱・㊷
立川
国分寺
荻窪
中野
新宿
西武多摩川線
東京メトロ丸ノ内線㉓・㉕・㊸
方南町
都庁前
京王井の頭線
京王線㉚
代々木上原
山手線㊥・㉖・㊳
中央本線②・③・⑩・㉘
京王八王子
八王子
北野
京王動物園線
京王競馬場線
府中本町
調布
渋谷
東急世田谷線
高尾
高尾山口
清滝
山麓
リフト㉚
山上
ケーブルカー㉚
高尾山
京王高尾線㉚
多摩モノレール⑯
南武線㉑・㉒
京王相模原線⑯・㉚
小田急小田原線①・⑤・⑧・⑨・㉑
東急田園都市線⑰・㉑
東急東横線㊳
中目黒
目黒
東急目黒線
東急池上線
橋本
多摩センター
小田急多摩線
溝の口
東急大井町線㉑
西馬込
大山ケーブルカー⑨
阿夫利神社
大山ケーブル
東急こどもの国線⑰
こどもの国
横浜市営地下鉄グリーンライン
東急多摩川線
川崎
横浜市営地下鉄ブルーライン
尻手
鶴見
箱根ロープウェイ①
箱根登山ケーブルカー①
大雄山
中央林間
長津田
相模線⑨・㉒
御殿場線⑤
横浜線⑯・㉒・㊱
相鉄本線
相鉄いずみ野線
横浜
桃源台
早雲山
箱根海賊船①
箱根町
強羅
小田急江ノ島線
横浜市営地下鉄ブルーライン
東神奈川
伊豆箱根鉄道大雄山線⑧
藤沢
大船
京急本線㉟
箱根登山電車①
小田原
国府津
茅ケ崎
小田急江ノ島線
湘南江の島
根岸線㊳
鎌倉
熱海
伊東線
東海道線⑨・⑩・⑲・⑳・㉒・㉖・㊲
上野東京ライン⑲
湘南新宿ライン⑩・⑳・㉖
湘南モノレール⑳・㉖
江ノ島電鉄⑳

登場人物

師匠｜結解喜幸

YOSHIYUKI KEKKE

旅行写真作家。鉄道や時刻表の楽しさを知り尽くし、おトクなきっぷの使い方は達人の呼び声も高いエキスパート。現在は地酒と肴を追い求める「飲み鉄」にはまっている。

弟子｜屋敷直子

NAOKO YASHIKI

ライター・40代。グルメや観光は二の次で、ただ鉄道に乗るのが好き。遺構や歴史を刻んだ古い車両にひかれる。鉄道知識を深め、応用力を鍛えるべく師匠に弟子入り。

あると便利なツール「時刻表」

列車の時刻のほか、路線図やおトクなきっぷ情報など、さまざまな情報が載っている「時刻表」はミッション攻略の強い味方。JR各駅に置いてある『JR時刻表』、スマートフォンやタブレットで利用できる「デジタルJR時刻表」、首都圏の時刻を網羅した『MY LINE 東京時刻表』(山手線の時刻も全て掲載)、持ち運びに便利な『全国版コンパス時刻表』『小型全国時刻表』などがある(いずれも小社刊)。

Vol. 01

箱根ゴールデンコース

Level：

MISSION

箱根で登山電車、ケーブルカー、ロープウェイ、船、バスに乗って、昭和30年代の観光ブームの足跡をたどれ！

新宿駅
7：27
↓ ①小田急線特急ロマンスカー「はこね3号」
9：01
箱根湯本駅
9：05
↓ ②箱根登山電車
9：09
塔ノ沢駅
9：29
↓ ②
9：59
彫刻の森駅
★彫刻の森美術館
11：16
②

11：19
強羅駅
11：30
↓ ③箱根登山ケーブルカー
11：40
早雲山駅
↓ ④箱根ロープウェイ
大涌谷駅
↓ ④
桃源台駅
↓ 徒歩
桃源台港
14：20
↓ ⑤箱根海賊船
14：45ごろ
箱根町港
徒歩

箱根町
★箱根関所・箱根関所資料館
15：40
↓ ⑥箱根登山バス
16：17
箱根湯本駅
★箱根湯寮
19：00
↓ ⑦小田急線 特急ロマンスカー「はこね44号」
20：34
新宿

※上記の乗り物にすべて乗車できる小田急電鉄の「箱根フリーパス」（新宿から5140円。特急ロマンスカーを利用する場合は別に特急券が必要）を使用。★など観光施設の割引もある。

箱根といえば温泉。だがまずは乗り物を楽しみたい。登山電車、ケーブルカー、ロープウェイ、船、バスと5種類の乗り物で、観光スポットを巡ることができるのだ。彫刻の森美術館、大涌谷、芦ノ湖、箱根関所などを公共交通機関だけで回る見事なコースは、大正時代後期から続いた「箱根山戦争」と呼ばれる熾烈《しれつ》な交通シェア争いを経て、昭和30年代に「箱根ゴールデンコース」として確立された。

小田急電鉄の「箱根フリーパス」を使えば新宿から5140円ですべての乗り物が乗り放題。このルートで思い出すのは、かつて会社員だったころの忌ま忌ましい社員旅行だ。今回はひとり、誰にも気がねせず乗り物だけを楽しむこと

②箱根登山電車

塔ノ沢駅。上りホームに深沢銭洗弁天がある。トンネルに挟まれ、駅に通じるのは細道が１本という風情ある所。

①特急ロマンスカー

往きのロマンスカーはEXE（30000形）。通勤通学にも利用が多い、ビジネス寄りな車両。

③箱根登山ケーブルカー

ひたすらまっすぐの軌道を上っていくため、強羅駅へ下ってくる車両が遠くから見える。次は下りに乗りたい。

箱根ゴールデンコース

ができる。歳《とし》を重ねるって素晴らしい。7時27分、ラッシュの新宿駅をロマンスカーに乗って出発。

箱根湯本駅は、平日朝とはいえ、老若男女がみな一様にきゃっきゃしている。向かいのホームで待つ箱根登山電車の赤い車両が行楽気分を高めてくれる。小さいくせに、80‰《パーミル》（1000m進む間に80mの高低差がある）もの勾配をコツコツ上る、がんばり屋さんだ。かつて日本一の急勾配だった信越本線の碓氷《うすい》峠でさえ、66・7‰である。

ちなみに小田原〜箱根湯本間は現在、小田急の車両が乗り入れているが、元々は箱根登山電車の線路だった。この区間は40‰で、80‰を上る箱根登山電車にしてみれば緩い勾配なため〝平坦線〟と呼んでいたが、ほぼ平地を走る小田急にしてみれば40‰は平坦どころではなく、乗り入れる際に車両の

大涌谷でいったん下車。フニテル方式という風に強い仕組みになっている。頭上のメカニックが息をのむほどに美。ロープウェイの眼下には大涌谷が広がる（右）。

④ 箱根ロープウェイ

⑦ 特急ロマンスカー

復路はVSE（50000形）。座席が窓に向けて5度傾いているため、車窓が見やすい。たかが5度だが、体がとてもラクに感じる。

⑤ 箱根海賊船

なぜ芦ノ湖に海賊船？というのは野暮。硫黄の山にいたのに、15分ほどで湖にいる不思議。

改良が必要だった、という話が個人的には好きである。

事実、小田原を出発したロマンスカーは、それまでのスピードが嘘《うそ》のようにゆるゆると進む。箱根登山電車も、小田急ロマンスカーも、それぞれの力を存分に発揮して勾配を攻略しているところが、とても愛《いと》おしい。

山と湖ののち、温泉極楽コース

箱根湯本を出発した箱根登山電車はすぐに上りはじめる。一駅で塔ノ沢。緑が迫り、沢から上ってくる風が心地よい駅である。沿線には3つのスイッチバック（ジグザグになって斜面を上る）があり、そのたびに進行方向が変わる。さらに電車が折れ曲がるような急カーブもある。小さな車体は、ぎいいいっゴゴゴっががが……と、ずっと何かしらの音を上げている。2本のレールがあまりに頼りなく鉄道に乗っている気がしない。

強羅からはケーブルカーだ。急に人が増えて車内はぎゅうぎゅうになる。車窓はすべてが斜めで、平衡感覚があやしくなる。駅に停車すると、ちょっと後ろに下がる不安定感もたまらない。

10分で早雲山に到着、ロープウエイへと乗り継ぐ。全面ガラス張りのゴンドラで、たいそう見晴らしが良い。そのため高さも実感できて、だんだんと恐怖心が湧いてくる。10人ほどの乗客もどんどん口数が減っていく。そのタイミングで大涌谷へ突入。雲と硫黄の煙で一瞬、視界が真っ白になり、一同ひいっと小さく叫ぶ。観光地だからと侮れない緊迫感だ。大涌谷でいったん降りて、硫黄の山を歩いてみる。標高は1044m。箱根湯本から約950mほど上ってきたことになる。寿命が延びるという黒たまごをみやげに買った。

大涌谷からは下りのロープウエイ。下りもほどほどに怖いが、遠くに見え隠れする富士山に視線を集中させる。かの山はいつも思っているよりはるかに大きい。終点、桃源台からは箱根海賊船で芦ノ湖を渡る。乗客の8割が外国人で多言語が飛び交っていた。

下船後は箱根関所跡を見学、のち40分ほどバスに揺られて箱根湯本駅へ。日帰り温泉に寄って、あやうく帰ることを忘れそうになる。

翌日、みやげの黒たまごは殻が白くなっていた。箱根乗り物パラダイスは夢だったのかもしれない。

2014年5月取材

師匠から弟子へ

小田急グループで箱根の旅を満喫する！

新宿駅から特急ロマンスカーを利用（別に特急券が必要）するなら、小田急グループの電車・バス・ケーブルカー・ロープウェイ・海賊船が、2日間または3日間乗り降り自由の「箱根フリーパス」（新宿駅から2日間は大人5140円・子供1500円、3日間は大人5640円・子供1750円）が便利でお得！ 西武線・相鉄線の各駅からも利用できる。今回は日帰りのプランを考えたが、宿泊して箱根の朝の風景を満喫するのもおすすめだ。

近場のローカル線観光

Vol. 02

富士山の麓で鉄道三昧

Level：■□□

MISSION

おトクなきっぷを活用し、山梨県の富士山エリアの旅を楽しめ！

新宿駅
6：48
↓中央特快
7：32
高尾駅
7：47
↓中央本線（富士急行直通）
9：26
河口湖駅
9：42
↓富士急行
↓快速「富士登山電車2号」
10：40
大月駅
10：46
富士急行
11：26
下吉田駅
12：02
↓富士急行
12：15
河口湖駅
13：10
↓河口湖周遊レトロバス
13：26
遊覧船・ロープウェイ入口
15：36
↓河口湖周遊レトロバス
16：24
河口湖駅
17：10
富士急行
特急「フジサン特急14号」
17：55
大月駅
18：01
↓中央本線 特急「かいじ120号」
19：09
新宿駅

※平日時刻。
※「世界遺産・富士山フリー乗車券」（東京都区内から4500円、2日間有効。乗車日の前日まで発売）を使用。
※旅費合計7280円（富士登山電車は＋200円、フジサン特急は特急券＋300円、展望席＋100円、帰りの自由席特急券＋900円）。

結

解師匠曰く「今回は、『世界遺産・富士山フリー乗車券』を使って、富士急行を乗り倒す企画です。多彩な車両を楽しめるほか、レトロバスや湖上遊覧、ロープウェイも堪能できます」。一読して、夢のようなミッションだと思った。夢すぎてどこかに罠《わな》があるのかと読み返すが、深読みしても「富士山麓で好きなだけ遊んでこい」としか受け取れない。有意義な冬の一日になる予感がした。

その浮かれた気の緩みが災いし、当日朝は二日酔いだった。さらに正直に言えば、深酒をしたのは前々日のことで、前日は二足歩行すらままならず、だから当日は三日酔いともいえるだろう。そんな恥ずべき人間を、富士山は慈悲の

河口湖駅

①富士登山電車。ソファ席（③）、展望チェア、対面シートなど、座席いろいろ。乗車記念プレート（②）と共に写真を撮ってくれる。④河口湖駅前にある「モ１号」。富士急行の前身「富士山麓電気鉄道」の開業時につくった車両。急勾配路線仕様である。⑤京王電鉄からやってきた車両。京王5000系電車が運転開始50周年を迎えることから、当時の塗装に戻している。

河口湖駅にて。中央線からの直通電車が到着すると、富士急行とJRの車両が並ぶ。

トーマスランド号。普通電車の扱いで特別料金は必要ない。椅子にも工夫がある。

姿で迎えてくれた。中央本線・大月から富士急行線に入り、三つ峠駅を過ぎたあたりから、目当てのものが左手に現れてくる。

雪を頂いた姿は冬の澄んだ青空に映え、まさしく霊峰。左右に伸びる稜線は、非の打ち所のない完璧な曲線だ。富士急行線からの眺めは、東海道新幹線の車窓からとはまた違った猛々《たけだけ》しさがある。頭のてっぺんから足の先まで、濁りのない湧き水がすうっと流れ落ちたような心地がして、体調は見事に回復した。

終点の河口湖駅に到着して、今度は「富士登山電車」で再び大月駅へと戻る。物好きと笑うなかれ。同じ路線でも上りと下りでは車窓の風景が違ってみえるし、何より「富士登山電車」は、九州新幹線や豪華クルーズトレイン「ななつ星」などを手がけた水戸岡鋭治さ

下吉田駅

③④下吉田駅駅舎には北斎の「八方睨み鳳凰図」を線画にアレンジした天井画。ホームの待合室からは絶景。一度は降りるべき駅。

①寝台特急「富士」は、かつて東京～西鹿児島間を24時間以上かけて運行していた。「富士」は、日本初の列車愛称。②下吉田駅に保存されている黒いぴかぴかの貨車。1978年まで富士急行線を走っていた。車内にも入ることができる。

河口湖駅にて、ＪＲから譲渡された２０００形電車。ＪＲ時の「パノラマエクスプレスアルプス」色で運行していた。２０１４年２月に引退。

ロープウェイで上る天上山山頂からの眺め。ウサギとタヌキが絶妙な位置に配置されている。観光地ならではのジャンク感がいい。

んデザインの車両だ。２両編成で、濃茶色の木と赤い色調の〝赤富士〟をイメージした１号車、白木と青い色調の〝青富士〟をイメージした２号車と変化がある。対面シートやソファ、展望ロングベンチなど、いろいろな向きの椅子があって飽きることがない。

幸運にも乗客が少なく、いろいろな席に座っては富士山を楽しんだ。大きな山のはずなのに電車の向きがすこし変わっただけで視界から消えたり、ちょっとした雲の加減で輪郭がぼやけたり、肉眼では見えるのに写真には写らなかったり、そんな不確かさが霊峰たる所以《ゆえん》なのかもしれない。

どこにいても霊峰を拝める幸せ

大月駅に戻り、再び河口湖駅へ向かう途中、ブルートレインの保存車両が気になったので、下吉田駅で降りてみる。かつて2カ月間だけ、新宿～富士吉田（現・富士山）間を「ふじ」という列車が走っていたことにちなんで、寝台特急「富士」と同型の客車が展示されている。ホームの待合室は、絶好の富士山ビュースポットで、遠くに富士山、近くにブルートレインという、またとない至福の眺めを楽しんだ。

河口湖駅からはレトロバスに乗り、「遊覧船・ロープウェイ入口」バス停で降りる。ロープウェイのある天上山は、昔話「かちかち山」の舞台といわれている。ウサギとタヌキのその昔話は改めて読むとなかなかに残酷な話なのだが、ロープウェイ内の案内放送では敵同士なはずのウサギとタヌキの丁々《ちょうちょう》発止《はっし》のやりとりが大音量で流れていて、絶景とのギャップがたまらない。頂上からは、一方は河口湖、一方は富士山の懐に抱かれる町並みを見下ろすことができた。

河口湖遊覧船に乗れば、湖水の向こうに富士山が浮かぶように見え、さらにレトロバスで河口湖沿いを走れば天気によっては水面にうつる逆さ富士が見える。霊峰をあらゆる角度から楽しめる趣向になっている。

河口湖駅に戻ってきたころには日も落ち、フジサン特急で大月駅へと向かう。展望席に陣取ったが、もはや富士山は見えず街の夜景を眺めるにとどまった。朝から晩まであらゆる乗り物から霊峰を拝み、心身が清浄になった気がした。おかげで今晩は酒がうまいだろう。

2013年12月取材

師匠から弟子へ

期間限定発売のお得なきっぷを利用！

今回のきっぷは期間限定のため現在は発売されてないが、東京エリアから大月駅まで「休日おでかけパス」（2670円）、富士急線内は「富士急特急フリーきっぷ」（2600円）、河口湖周辺のバスは「フリークーポン」（1300円）利用で同じバスの旅が楽しめる。富士急行線には楽しいリゾート列車があり、弟子も往復で異なる列車の旅を満喫。大月～河口湖間の1往復では物足りないので、バス利用をカットして電車を乗り倒すのもよいだろう。

近場のローカル線観光

Vol. 03

青春18きっぷで上信越へ

Level：🚃（3段階中1）

MISSION

「青春18きっぷ」を最大限に活用し、モグラ駅＆スイッチバック駅を体験する上信越への日帰り旅に出よ！

新宿駅
4：32
↓中央線
4：49
神田駅
5：03
↓京浜東北線
5：08
上野駅
5：13
↓高崎線
6：55
高崎駅
7：10
↓上越線
8：14
水上駅
8：24
↓上越線
8：34
土合駅＊1
9：56
↓上越線
11：23
越後川口駅
13：01
↓飯山線
14：57
戸狩野沢温泉駅
15：11
↓飯山線・信越本線
16：09
長野駅
17：11
↓信越本線・篠ノ井線
17：45
姨捨駅＊2
18：50
↓篠ノ井線・中央本線
21：33
甲府駅
21：36
↓中央本線
23：00
高尾駅
23：05
↓中央線
0：00
新宿駅

＊1 改札口までモグラ駅体験。
＊2 スイッチバック体験。

※平日時刻。
※所要時間19時間28分、交通費2300円（青春18きっぷ1回分。東京都区内→東京都区内〈上越・飯山・篠ノ井・中央線経由〉の片道乗車券9560円）。

師匠から送られてきた旅程表を見て震撼《しんかん》した。

「今回は青春18きっぷをフル活用した日帰りプランです。体力勝負！試練！修行！……苦難！結願！解脱！」。いつになく「！」があふれている。さらには出発が「新宿4：32」とある。4時半から電車が走っていることに驚きながら最後までたどると、到着は「0：00新宿」。美しい。師匠がつくる行程表はいつも無駄がなく美しい。だが今回はその美しさが悪魔的だ。解脱した末に、弟子は何を見るのだろうか。

出発は月夜だった。最寄りの四ツ谷駅の照明が目にまぶしい。乗り込んだ中央線は前夜を引きずる人が多数。神田では酔っ払いがホームをはさんでエールを送り合っ

モグラ駅・土合駅

①土合駅。列車を降りると目の前にまっすぐ延びる大階段。②駅舎にかかる歓迎の看板。駅舎は雪に埋もれていた。

③下りホーム。しんみりと怖い。照明がかえって恐怖を際立たせる。奥の待合室に誰かいるんじゃないか……とか。④上りホームは地上にある。こちらも雪に埋もれていて、スニーカー装備ではホームまでたどり着けなかった。

始発を待つ四ツ谷駅。驚くことに男性がふたり、ベンチにいた。酒に飲まれた風でもなく。清々しい風情で。

水上駅。晴れてはいるが冬真っ盛り。しかも前夜に降ったかのような新雪。美しい。でも寒い。すごく寒い。

ている。5時すぎの上野は平日昼間並みに人が行き交う。尾久を過ぎたあたりから薄明、大宮で朝の気配、鴻巣でようやく日の出。7時、高崎で上越線に乗り換えると、車内ではみな朝ごはんを食べ始めた。進行右側の車窓からは、赤城山が見える。なだらかに伸びる裾野が美しく、薄い雲がかかり幻想的だ。実り多い一日になりそうな予感に心が躍った。

思いも寄らない敵に震え上がる

予兆はなかった。気づけば窓の外はうっすらと雪。霜と思いたかったが、そんなわけはない。水上で乗り換えると、どこから湧いてきたのか車内はスキー客でいっぱいだ。着ているものが違う。あちらはダウン、こちらはコートも含めて綿3枚。取材日は3月22日。

飯山線は日本有数の豪雪地帯。沿線の森宮野原駅では、駅の最高積雪量（785cm）を記録している。

越後川口駅にあったコイの壁画。近くを流れる魚野川には「やな場」がある。夏に来たい。

スイッチバック駅・姨捨駅

姨捨駅付近。スイッチバック式で、列車は前後に動くが、乗客はとくにざわざわしない。

上／飯山線の蓮駅を過ぎたあたり。千曲川が流れる。まだ雪はあるが景色を楽しむ余裕がすこし出てきた。下／長野駅。気づけば17時近く。帰りたい。新幹線で帰りたい。駅そばがめっぽううまかった。

新潟や長野に行くと聞いて、いまだ雪があるなど一片も思い至らなかった己のうかつさを呪う。

呪いながら土合《どあい》で下車。下りホームがトンネルの中にあり、地上の改札まで計486段の階段を上る駅である。当初はここがいちばんの試練と考えていたが、水上で厳寒の洗礼を受けた後ではなんでもない。むしろ地下だから暖かく感じる。階段の幅が5段ずつ広くなっているのも疲れにくく、段数が書いてあるのも励みになる。10分ほどで地上に出ると、駅舎は雪に埋まっていた。春の装いでは雪中行軍もできず待合室で時間をつぶす。生きる気力を削ぐレベルの低温にくわえて、自販機の飲み物がすべてコールド。耐えかねて再び地下ホームへと階段を下りたが、淀んで湿った空気のせいか、先ほどは感じなかった恐怖心がにわかに頭をもたげる。怖い！寒い！助けて！　一人だったので声に出して叫んで正気を保ち、ようやく来た下り列車に乗車。たとえこの世のものではない妖怪列車だったとしても、迷わず乗っただろうと思う。

　雪はいっそう深くなる。かの『雪国』の舞台だ。「国境の長いトンネル」とは土合駅〜土樽駅間の上り線にある清水トンネルのことである。越後川口から飯山線に入る。初めて乗る路線で、信濃川や千曲川に沿って走る車窓風景が素晴らしいと師匠が教えてくれた。とても楽しみにしていた。だが依然、体が寒さに浸食されている。車内の暖房もまるで利かない。車窓は川より雪でいっぱいだ。太陽の光が反射してまぶしく、目を開けていられない。寒いのに眠い。死ぬのかもしれない……。

　だが、蓮と書いて「はちす」と読む珍名駅を過ぎたあたりから、水田が見えてくる。雪どけ水が道のあちこちに流れ、雪は遠くの山に残すのみとなった。長野に近づくにつれ、春も近づく。心の底から安心した。

　長野駅で、あたたかい駅そばを食べて気を取り直すが、ミッションのひとつであった「姨捨《おばすて》駅で下車。約1時間夜景を堪能」は、命の危険を感じて諦めた。あとはただ東京を目指すのみ。だがこれが長かった。長野〜甲府3時間、甲府〜大月1時間、大月〜新宿1時間半で、およそ6時間。新幹線だと1時間半。過酷な遠回りこそが、青春の醍醐《だいご》味《み》である。

2014年3月取材

師匠から弟子へ

青春18きっぷは日帰り旅にも便利！

上越線・飯山線・篠ノ井線の見どころを「青春18きっぷ」1回分（現在は消費税8％で2370円）で巡れるベストプラン（現在は豊野〜長野間がしなの鉄道線で別に運賃250円が必要）だが、冬の装いが残るエリアでは、弟子にとってまさに修行の過酷な旅となったようだ。夏休み期間であれば涼を求めて上信越へ行く旅は快適だっただろう。近年、上信越・北陸エリアのJR線の第三セクター化で別に運賃が必要となるが、それでも最強のきっぷである。

近場のローカル線観光

Vol. 04

群馬で〝鉄道遺産〟巡り

Level：

MISSION

「ぐんまワンデー世界遺産パス」を活用し、駅舎、車両など群馬県内のさまざまな〝鉄道遺産〟を探せ！

【弟子が作った旅程】

新宿駅
7：15
↓埼京線
7：28
赤羽駅
7：36
↓高崎線
8：41
深谷駅＊1
9：10
↓高崎線
9：39
高崎駅
9：55
↓上信電鉄
10：55
下仁田駅
11：21
↓上信電鉄
12：26
高崎駅
12：48
↓上越線・両毛線
13：02
前橋駅
↓シャトルバス
中央前橋駅
13：45
↓上毛電気鉄道
14：03
大胡駅＊2
15：03
↓上毛電気鉄道
15：37
西桐生駅
16：16
↓上毛電気鉄道
16：28
赤城駅
17：00
↓東武線 特急「りょうもう40号」
18：55
浅草駅

＊1 駅舎見学、「ぐんまワンデー世界遺産パス」2100円購入。
＊2 車庫見学（30分・170円）。

群馬県は、鉄道愛が深い土地柄だ。高崎駅は昔も今も鉄道の要衝だし、JR上越線や信越本線ではSLが、吾妻線にはジョイフルトレインの「リゾートやまどり」が走る。私鉄路線も、上信電鉄、上毛電気鉄道、わたらせ渓谷鐵道、東武鉄道と数多い。

そんな群馬県内の鉄道をお得に楽しめるのが「ぐんまワンデー世界遺産パス」。富岡製糸場などが世界遺産に登録されたのを記念して発売されたきっぷで、2100円で県内（一部埼玉県・栃木県）のJR線・私鉄の普通列車（快速含む）の普通車自由席が乗り降り自由というものだ。今回は、県内の〝鉄道遺産〟を探して、夏のさかりに高温で名高い灼熱の地へ向け

上信電鉄

上信電鉄高崎駅の待合室「絲綢（シルク）之間」。エアコンの配線を隠さない武骨さ。

高崎駅の長いベンチ。長い年月、使われてきた木のつややかさは、世界遺産級。

両毛線のかぼちゃ電車の配色が灼熱の日差しに映える。容赦ない暑苦しさにほれ直す。

上毛電気鉄道のカラフル車両たち

京王井の頭線で使用されていた車両としてなじみ深い。フェニックスレッド（右上）、ミントグリーン（左下）など全部で8色ある。車内に風鈴が飾り付けられた風鈴電車もあり。

て出発した。

だがしかし。当初、25ページのような行程を立てていたが、取材当日にはアクシデントが続く。まず赤羽駅で人身事故のため高崎線が約30分遅延していて、東京駅を模したレンガ風の深谷駅駅舎の見学を断念する。次に高崎駅では上信電鉄が落雷のための架線断絶で運行見合わせ中。到着時は快晴で雨さえ降っていなかったが、朝方に猛烈な雷雨に襲われたらしい。この天候不安定さも上州名物と受け入れる。

上信電鉄の高崎～上州富岡間はバス代行運転とのことで、鉄道ではないが、これも珍しい経験と思いバスを待ってみる。旧型の車両を改装した待合室がホームの先にあり、すこぶる居心地がよい。本日の不運を吹き飛ばす勢いだ。特急のようなデラックスシート部分

大胡駅＆大胡電車庫

①デハ101の車内。②電気機関車デキ3021。昭和4年（1929）製造。純国産。③登録有形文化財の大胡駅駅舎。一見、なんてことはなさそうな建物にこそ神が宿る。④上毛電鉄の大胡電車庫見学は、要予約。13:00〜15:00までの約30分。170円。

西桐生駅

昭和3年（1928）開業の西桐生駅。外壁のレリーフや、待合室の落ち着いたピンク色が印象的だ。

と、ロングシート部分があり、冷暖房完備、自販機も設置。その名も「絲綢（シルク）之間」。しばらく涼み、用意されたバスに乗り込んだ。

代行バスは、各駅に立ち寄って乗客の有無を確認しつつ、降りる客の行き先を聞いて、整骨院の前などイレギュラーなポイントでも停車する。それはそれで味わい深いのだが、電車なら約40分のところを1時間15分かけて上州富岡駅に到着。もはや高崎へ戻らねばならない時間。このとき奇跡的に電車が動きだし、再び高崎へとトンボ帰り。いったい何をやっているんだと悶々《もんもん》としながらJR両毛線で前橋へ向かう。

気を取り直して文化財めぐり

JR前橋駅から、上毛電鉄の中

央前橋駅まではシャトルバスで5分。ここにきて、ようやくダイヤ通りの列車に乗ることができて安堵する。

目指すは大胡《おおご》駅。ここでは車庫見学を予約していた。上毛電鉄の開業は昭和3年（1928）。大胡電車庫は当時の建築で、国の登録有形文化財だ。庫内には、同じく開業当時につくられた「デハ101」が留置されていて、車内を見学できる。驚くことにこの車両は現役で、ビール電車として走ったり、貸し切り運行が可（10万円）だったりするのだ。車庫も車両も、大事に大事に使い続けられてきたことがわかる。車両の窓の木枠や手すりは磨き上げられ、光沢が素晴らしい。本来の用途で使い続けられてこその鉄道遺産だ。いつの日か、デハ101を貸し切って車内でビールを飲みたい。気が遠くなりそうに暑い夏の日に。

その後、終点の西桐生駅へ。停車場といった風情の、天井が高く広い待合室があり、しつこいようだが駅舎とプラットホームは国の登録有形文化財だ。空調は数台の扇風機だのみだが、風が通り抜けて心地よい。弦楽四重奏の演奏会などが似合いそうな空間である。発車までの時間を待つ高校生たちが、思い思いの過ごし方をしている。もう何十年も繰り返された光景なのだろう。

帰りは赤城駅まで戻り、東武線の特急「りょうもう」で浅草まで（特急券を別途購入）。前半にアクシデントがあったものの、群馬の鉄道愛を存分に堪能した。

2015年7月取材

群馬県の鉄道遺産 乗って見て楽しめる！

このきっぷは、毎年7～12月を利用期間として発売される傾向にあり、夏～秋の行楽シーズンに利用できる。東京駅の赤レンガ駅舎を模したスタイルの深谷駅がこのきっぷの南端の購入駅となる。弟子は歴史的な車両や駅舎が残る上信電鉄と上毛電気鉄道をセレクトしたが、思わぬアクシデントにより代行バスに乗車できたのも、旅の良い思い出になるだろう。上毛電気鉄道には、京王井の頭線のステンレスカーが走っており、懐かしさを感じることができる。

近場のローカル線観光

Vol. 05

静岡のレトロ路線探訪

Level：

MISSION

「休日乗り放題きっぷ」と小田急線を活用し、静岡県内を走る私鉄ローカル線の現状を報告せよ！

【弟子が作った旅程】

新宿駅
6：45
↓特急「あさぎり1号」（MSE）
7：52
松田駅＊1
8：04
↓御殿場線・東海道本線
9：42
三島駅＊2
10：50
↓東海道本線
11：10
吉原駅＊3
11：20
↓岳南電車
11：34
岳南富士岡駅
12：12
↓岳南電車
12：18
岳南江尾駅
12：25
↓岳南電車
12：41
吉原本町駅
13：12
↓岳南電車
13：17
吉原駅
13：31
↓東海道本線
14：54
金谷駅
15：09
↓大井川鐵道
15：14
新金谷駅＊4
16：19
↓大井川鐵道
16：23
金谷駅
16：31
↓東海道本線
18：06
沼津駅
18：20
↓御殿場線
19：37
松田駅
↓徒歩
19：53
新松田駅
↓小田急小田原線
21：17
新宿駅

＊1 JR松田駅で「休日乗り放題きっぷ」2670円を購入。
＊2 特急「踊り子105号」（修善寺行き）の入線を確認。
＊3 岳南電車「全線1日フリー乗車券」700円を購入。
＊4「トーマス14号」「SLかわねじ2号」の到着を確認。

師匠から送られてくるミッションは、たいていが長距離移動だ。使う列車は、経費的な問題で基本的に普通列車。特急を使ってよいとなると極楽のあまり小躍りする。今回のテーマは、静岡エリアの週末日帰り旅。往路に小田急ロマンスカー（極楽）を使うものの、静岡の鉄道を楽しむ時間があるのか。

使うのは「休日乗り放題きっぷ」。JR東海エリアのフリーきっぷで、東海道本線（熱海～豊橋）、御殿場線（国府津～沼津）、身延線（甲府～富士）の区間内の普通列車普通車自由席に、1日乗り降り自由（土・休日・年末年始）というものだ。値段は2670円。さらに、岳南電車と大井川鐵道という、静岡の愛すべき私鉄ローカル線にも

岳南電車

①岳南富士岡駅にある車庫。京王井の頭線の車両が使われている。②終点の岳南江尾駅。書体がなんとも愛おしい。③工場地帯を走る。沿線は製紙工場が多い。④岳南江尾駅からは富士山が見える（はず）。すぐ北を東海道新幹線が光の速さで通り過ぎる。

上／特急「あさぎり」は、MSE車両で運転。下／「あさぎり」を降りると急にローカル感あふれるJR松田駅。遠くまで来た。

三島駅では、駅そばを食べつつ特急「踊り子」の入線を待つ。気分だけでも温泉気分を味わう。

乗車する。かなりの体力勝負旅である。

　まずはフリーきっぷの区間内を目指して、御殿場線の松田駅まで小田急ロマンスカーで行く。一部のロマンスカーは御殿場線に乗り入れていて、その路線を利用するのだ。現在では小田急の車両しか運行していないが、かつてはＪＲ東海の車両も走っていて、それがどこか東海道新幹線に似たブルーと白の塗装で、小田急新宿駅に「ＪＲ」と書かれた新幹線みたいな車両が停まっていた不思議な光景を思い出す。渋沢駅を過ぎると車窓は急に山となり、彼岸花が咲き乱れるなか、大きくカーブを曲がって松田駅に到着した。

　ついさっきまで人が多い都心の駅を通過していた気がするが、ロマンスカーを降りるとそこは、たいそうこぢんまりとした駅で改札

①近鉄からやってきた車両。車内はデラックスな座席。②南海高野線からやってきた車両。急勾配を走っていた。③リアルなほうれい線に目が釘付けになる。かなりの速度で走り抜ける。

帰りはJR松田駅から、小田急線の新松田駅へ乗り換え。互いの駅は徒歩20秒ほどの距離。

右／新金谷駅前のおみやげ店にSL。左／新金谷駅ホームに、たぬき。沿線の神尾駅はたぬきの里。

も小さい。窓口であらためて「休日乗り放題きっぷ」を買ってJR御殿場線のホームへ向かう。休日だからなのか、日焼けした山登り支度の中高年が多く、車内は混み合っている。

御殿場線の路線は、かつての東海道本線だが、丹那トンネルができてからは単線となって、富士山の麓をのんびり走っている。距離のわりに時間がかかるのは、列車交換が多いからなのだろう。ホームにじっと停まって向かいの列車を待つ間、車内には草の匂いが満ちていく。眼前にそびえているはずの富士山は、晴れているのになぜかまったく見えない。

東海道本線
ローカル支線の旅

三島駅から東海道本線を下って吉原駅。岳南電車へ乗り換える。

沿線はしばらく工場地帯が続く。元々はそれらへの貨物輸送が重要な収益源だったが、貨物の取り扱いが廃止されて旅客だけになると、いささか寂しくなったことは否めない。でも駅には丹精こめて育てられた草花が多く茂り、駅舎やベンチには年月を経た温かみが宿っている。地元の足として大事にされている様子に旅情がかき立てられる。

さらに東海道を下って金谷駅。大井川鐵道へ乗り換える。といっても、乗車は一駅。新金谷駅で話題のトーマス号を見学するためだ。新金谷駅に着くと、ホームや線路周辺にはトーマス号を待ちかまえる親子連れの熱気が渦巻いている。こちらもつられて身構える。煙を吐きながらやってきたトーマスは予想をはるかに上回ってリアルで、ユーモラスではあった。だがどこか無邪気に喜べない。横で見ていた中学男子が「気持ち悪い……」とつぶやいたのを聞き逃さなかった。だがそんなもやもやを吹き飛ばす歓声と熱狂。必死でカメラを構えた。

トーマス号が退場すると、あっさり人の波は引き（観光バスのツアーの人が多い）、虚脱感に襲われる。しかし来た道を戻らねばならない。帰りの道は長く辛《つら》かった。静岡県は東西に長いのだ。

結果的に、本来ならばJR線で5030円かかるところを、「休日乗り放題きっぷ」を使ったおかげで2360円のお得。できることなら、次回は前日に静岡入りして一日がっつり使い倒したい。

2015年9月取材

師匠から弟子へ

静岡県内のレトロ路線を堪能！

静岡県にはJR以外に私鉄・第三セクター計6社があるが、今回は東側に位置する2社にスポットを当てるというもの。JR東海のフリーきっぷを使用するが、弟子は御殿場線経由の特急ロマンスカーで松田駅下車を選択。かつての東海道本線の旅に思いを馳《は》せ、工場地帯を走る岳南電車、SL列車が人気の大井川鐵道へ足を延ばした。弟子も述べているが、次回はJRの境界駅付近に泊まり、鉄道遺産が点在する天竜浜名湖鉄道を巡るのがベストだろう。

近場のローカル線観光

Vol. 06

酒と肴を求めて新潟へ

Level :

MISSION

米どころ新潟で、酒の肴になる駅弁を探して報告せよ！

【弟子が作った旅程】

東京駅
6：20
↓上野東京ライン・高崎線
8：16
高崎駅
8：24
↓上越線
9：31
水上駅
9：47
↓上越線
10：21
越後湯沢駅
12：18
↓上越線
13：36
長岡駅
13：43
↓信越本線
14：26
田上駅
15：15
↓信越本線
15：27
新津駅
16：59
↓信越本線
17：54
長岡駅
17：57
↓上越線
19：13
越後湯沢駅
19：40
↓上越新幹線「とき344号」
21：00
東京駅

12月。何かと気忙しいこの時季に、師匠は「酒が恋しい季節。酒の肴になるような駅弁を探してくるように」と言う。これは飲み鉄を自称する師匠の個人的欲求ではないかと思ったが、弟子も左党では負けていない。もちろん喜び勇んで引き受ける。

当初、師匠がすすめてくれた旅程は、越後湯沢～長岡～直江津～長野というものだったが、弟子は今回、長岡を通るのであればどうしても新津《にいつ》駅に行きたかった。時刻表の駅名の横に「弁」のマークがある駅は、その種類も下部に書いてある。新津にも駅弁がありそうだ。しかもたくさん。そんなわけで師匠に背いて、いざ新潟へ。

早朝、東京駅を出発し北上する。

越後湯沢駅

魅惑の試飲マシン。専用コインを入れ、おちょこを置いてボタンを押すと適量出てくる。

水上駅周辺は豪雪地帯。線路には雪を溶かす仕組みがある。シンプルなようで考え抜かれた設計。

越後もち豚すきすき弁当1050円。酒は新幹線カップ飲みくらべセット1190円。あつあつのお弁当と冷酒。

越後湯沢〜長岡間は、水色の115系だった。中央本線を走るイメージだったから、うれしい驚き。

水上駅からの列車には登山装備の人が多く乗り込み、モグラ駅として名高い土合駅で降りていく。谷川岳への登山口があるのだ。越後湯沢駅に到着すると、雪はないものの空気がきりりと冷たい。絶好の日本酒日和である。

駅に直結する『ぽんしゅ館』には、酒・米・味噌・醤油といった新潟の幸が集まっている。まずはコシヒカリ100%の爆弾おにぎりで腹ごしらえ。1合分の米、海苔《のり》、具の鮭《さけ》（各種あり）、すべて絶品。一見、食べきれない大きさのように思うが気のせいだ。無心に平らげる。そして利き酒。新潟の酒蔵の酒が500円で5銘柄、試飲できる。90種類ほどの塩、自家製味噌など、高血圧必至の酒の友も完備されている。店内に掲示してある人気ランキングをあえてはずした結果、迷走してしまい、好

田上駅は無人駅なのにメニュー豊富な駅そば店がある。地元の方が入れ代わり立ち代わり訪れる。肉そば450円。玉ねぎが入って、ほのかな甘みがある。＋100円でおにぎりがつくセットもお得。

田上駅

新津駅

右／新津駅そば、線路脇にある公衆電話ボックス。上にパンタグラフが付いた電車仕様。細かい。左／駅舎から眺める車両基地。左端、1本から何本も分岐する様がたまらない。乗り入れ路線が多く、駅名表示も両端が二股になっている。

えんがわ押し寿司1100円。脂がのったえんがわが白く輝いている。神尾弁当の店先も、一見の価値あり。

花越路(四合瓶)とオリジナルSLぐい呑み付きセット1000円。

三色だんご(胡麻・白あん・こしあん) 648円。

みの酒には出合えなかった。

越後湯沢駅では、ひもを引くと蒸気が出て温まる「越後もち豚すきすき弁当」と、新幹線カップ飲みくらべセットを購入する。

一生に一度は訪れたい新津駅

満ち足りた気持ちで先へ進む。乗り換えの長岡駅はだいぶ温かい。山を越えて平野が続く。田も畑も冬支度がすっかり整い、来るべき雪の季節への備えは万全といった風景だ。そしていよいよ信越本線で新津へ向かう。

新津駅は、信越本線、磐越西線、羽越本線が乗り入れる鉄道要衝地だ。かつては広大な操車場があり、貨物列車も行き来した。駅の南にはJR・私鉄の車両を数多く製作している「総合車両製作所新津事業所」がある。山手線などの車内にある「新津車両製作所」の表記を見るたび、いつか行ってみたいと思っていた。車両製作所の構内に立ち入ることはできないが、駅から延びる引き込み線をたどり近くまで行ってみる。線路に柵はあるが、ここを通るであろうぴかぴかの新造車両を夢想する。

　駅舎から見える車両基地も絶景だ。滑らかな曲線を描いて分岐する線路、その上を迷うことなくゆっくりと走る車両。時は夕暮れ。その美しさに感極まって、うっすら涙。ありがたさのあまり、思わず手を合わせたくなる。

　多くの路線が乗り入れる駅は、人の行き来も多く、駅弁も豊富だ。新津駅の駅弁は駅売店ではなく、東口駅前の『神尾弁当』『三新軒』といった製造元で買うことができる（『神尾弁当』は駅で立ち売りをするときもあるが冬季はお休み）。確実なのは予約することだが、いずれにしてもできたての駅弁を食べるという、貴重な体験ができる。今回は『神尾弁当』の「えんがわ押し寿司」を購入。そして酒は、村祐酒造の「花越路」。しかもＳＬぐい呑み付きセット。これは新津駅から徒歩10分の『帆苅商店』で買った。さらに、駅売店で売っている新津名物・三色だんごもデザートとして忘れずに。

　車両基地と駅弁と日本酒と甘味。なんて完璧なんだろう。新津を堪能し過ぎて普通列車では東京へ戻れず、越後湯沢駅から上越新幹線に乗車という強引な旅程で帰京。己の欲望を貫き通し、一片の悔いなしの旅だった。

2015年12月取材

師匠から弟子へ

花より団子！駅弁の聖地を訪れる

長岡駅から日本海を車窓に一献とアドバイスしたのだが、弟子は長岡駅から逆方向に進んで新津駅を選択。車窓風景は柏崎～直江津間が一枚上だが、花より団子を選んだ弟子のほうが左党の鏡となるのだろう。新津駅の駅弁は常に人気ベスト10に顔を出すだけあり、種類も豊富で迷うほど。酒どころならではの越後湯沢駅『ぽんしゅ館』に立ち寄って試飲したのも見事なものだ。５００円で５種類の試飲だが、私なら10種類を試飲して列車に乗り遅れただろう。

近場のローカル線観光

Vol. 07

私鉄3路線を乗り継ぐ旅

Level：🚃🚃🚃

MISSION

下記のA〜I駅を探し出し、条件を満たす旅程を作って旅に出よ！

交通費 4700円以内　**旅の日程** 2016年11月18日までの平日

出発駅 新宿駅　**到着駅** 新宿駅

① 新宿駅から今回の旅の起点となるA駅までの往復はJR線を利用する。
② 同一県内を走る私鉄線（第三セクター含む）3路線を全線踏破する。
③ ルート上にトロッコ列車が運転されている区間があるが乗車しない。
④ B駅〜C駅〜D駅〜E駅〜F駅〜G駅〜H駅〜I駅と列車を乗り継ぐ。
⑤ B駅発8：23の列車に乗車するとH駅には14：00前に到着する。
⑥ H駅〜I駅の間では途中3駅で下車観光（車庫・食名物あり）する。

まず注目するのは②。思い浮かぶのは、いすみ鉄道（第三セクター）、小湊鉄道、銚子電鉄の3路線が走る千葉県だ。③は小湊鉄道の「里山トロッコ」だろう。すると使うきっぷは「サンキュー♥ちばフリーパス」。県内のJR線、前述の3路線、バスが2日間乗り放題というもので、利用期間は2016年11月20日まで。師匠の「旅の日程」の条件とも合う。途中下車観光をするH〜Iは銚子電鉄の銚子駅〜外川駅（⑥）。B駅は蘇我駅とあたりをつけて時刻表を見ると、8時23分発の列車は外房線（⑤）。するとC〜Fは大原（いすみ鉄道）〜上総中野（小湊鉄道）〜五井（内房線）〜千葉となるが、千葉から銚子は直通で行けるからG駅がな

東金線と総武本線が接続する成東駅。「なるとう」という響きが個人的に好み。隣駅の求名（ぐみょう）もいい。

いすみ鉄道の国吉駅には、ムーミンショップが併設されている。地元の名産品もあり。

上総中野駅で、小湊鉄道といすみ鉄道がつながる。とても良い風情の駅だ。

①銚子電鉄で2016年運行開始した3000形車両。四国・伊予鉄道からやってきた。②車庫見学は150円。入場券は4種類から選べる。③時を忘れる待合室。④奇跡のような建物の駅舎。

い……。苦肉の策で成田方面行きの「エアポート成田」に乗って佐倉駅（G）で下車、銚子方面行きに乗り換えて13時55分に銚子着（④⑤）。だがあやしい。こういう無駄なことを師匠がするだろうか。旅の起点となるAはきっぷのフリーエリア西端である市川駅か舞浜駅だが、千葉駅を通らない（Fを千葉駅としているため）京葉線を選び、舞浜駅とした（①）。

初手から脱落
リカバリーして銚子へ

「サンキュー♥ちばフリーパス」を買うべく舞浜駅で降りると、ホームは芋の子を洗う状態。平日朝7時半、夢の国へ向かう人びとで先に進めず時間をとられ、6分後発車の列車に乗り遅れる。軽い絶望。だが次の列車の蘇我駅着は8時21分。2分後発の外房線に乗

①観音駅の駅舎は教会風。たい焼き屋さんが併設されている。②ひと昔前のリゾート地を思わせる。駅舎内に、ぬれ煎餅などの売店あり。③終点・外川駅。この駅には日が落ちる寸前に訪れて、夕暮れを楽しみたい。

銚子高校の生徒が開発した、ぬれ煎餅をつかったアイス。216円。

笠上黒生（かさがみくろはえ）駅は、頭皮研究会社によるネーミングライツで「髪毛黒生駅」に。適材適所。

水揚げ量日本一を誇る銚子港であがったサバやイワシなどの青魚を、濃口醤油と塩ダレで漬けた漬け丼が名物。

車！……というはかない望みは、朝ラッシュの人ごみに押されてあえなくついえる。深い絶望。うなだれていると向かいのホームに内房線が入線してきたので、勢い乗車。急ぎ行程を練り直し、五井駅より私鉄2路線、東金線経由で銚子へ向かう。奇跡なのか必然なのか、銚子着は同時刻なのだ。

とはいえ、師匠のミッションをクリアできないことに変わりなく、陰鬱な気持ちで行程を進めた。

銚子駅は、ＪＲ線のホームの先が銚子電鉄のホームだ。ホーム上には銚子電鉄への入り口として、年季が入った建物が立っている。沿線の駅舎は、時が止まったような古色蒼然としたもの、一転して南国風のものなど、見ていて飽きない。車両の風情と相まって、心が静かに凪《な》いでいくのを感じる。乗客はスマホを見たり、本を読んだりすることなく、ただ車窓をぼんやり眺めている。今朝の舞浜や蘇我の焦燥《しょうそう》が、遠い昔のように思えた。仲ノ町駅で車庫見学をしたり、銚子名物の漬け丼や、銚子電鉄名物のぬれ煎餅を使ったアイスを食べて、旅気分を満喫する。

銚子電鉄は夕方が似合う。駅舎も車両も夕日と溶けあって、えも言われぬ色彩に染まり、その色は刻々と変わっていく。また来ようと思った。

【今回の旅程】

新宿駅
6:50
↓中央線
7:03
東京駅
7:17
↓京葉線
7:33
舞浜駅(A)
7:39
↓京葉線
8:13
蘇我駅(B)
8:23
↓外房線
9:21
大原駅(C)
9:24
↓いすみ鉄道
10:14
上総中野駅(D)
10:21
↓小湊鉄道
11:32
五井駅(E)
11:36
↓内房線
11:54
千葉駅(F)
12:00
↓総武本線
↓快速「エアポート成田」
12:17
佐倉駅(G)
12:33

変更後

舞浜駅(A)
7:49
↓京葉線
8:21
蘇我駅(B)
8:31
↓内房線
8:41
五井駅(C)
9:02
↓小湊鉄道
10:14
上総中野駅(D)
10:43
↓いすみ鉄道
11:36
大原駅(E)
11:42
↓外房線
12:22
大網駅(F)
12:26
↓東金線
12:43
成東駅(G)
13:03
↓総武本線
13:55
銚子駅(H)

↓総武本線
13:55
銚子駅(H)
14:00
↓銚子電鉄仲ノ町駅、観音駅、犬吠駅で途中下車
16:59
外川駅(I)
17:06
↓銚子電鉄
17:25
銚子駅
17:33
↓総武本線
19:02
佐倉駅
19:03
↓総武本線
20:05
東京駅
20:11
↓中央線
20:25
新宿駅

新宿⇔舞浜…390円×2
サンキュー♥ちば
フリーパス…3900円

交通費　合計4680円

2016年9月取材

師匠から弟子へ

同一県内の私鉄3路線に乗る!

同一県内の私鉄（第三セクターを含む）3路線を全線踏破では、砂金を探すほど難しいのだが、トロッコ列車が走る私鉄となると限られるので、弟子はピンときたようだ。きっぷを購入する駅を間違えた（市川駅が正解）ため、冷や汗の乗り継ぎとなったようだが、銚子駅で帳尻合わせできたのは流石《さすが》だ。現在、「サンキュー♥ちばフリーパス」は東京都区内発の「サンキュー♥ちばフリー乗車券」が設定され、9～11月を利用期間として発売される傾向にある。

Vol. 08

同じ鉄道会社の2つの路線

Level：🚃🚃🚃

MISSION

下記に該当する2路線を探し出し、起点駅と終着駅および周辺スポットを巡る旅に出よ！

交通費	7000円以内	制限時間	10:00〜20:00
出発駅	新宿駅	到着駅	新宿駅

① 同じ鉄道会社の路線、〇〇鉄道（電鉄）〇〇線と〇〇線に乗る。
② ①は起点・終点を含めた駅の数が1駅異なる2つの路線。
③ 2つの路線の間はJR線で移動する。
④ 新宿駅から最初の路線の起点A駅までは乗り換えなしで行ける。
⑤ A駅から終着駅まで往復。終着駅での散策時間は1時間29分とする。
⑥ A駅から次の起点・B駅へはJR線を途中1回の乗り換えで向かう。
⑦ B駅では22分の接続時間として終着駅まで往復する。
⑧ 終着駅での散策時間は1時間1分とし、往路の行程で戻る。

同じ鉄道会社の2路線で、駅数が一駅違い（①②）、その2路線間はＪＲ線で移動（③）に当てはまりそうなのは、西武鉄道。とあたりをつける。ただの勘だ。ＪＲ中央線でつながる多摩川線、多摩湖線、国分寺線、拝島線などに目をつけて、散策時間の1時間29分（終着駅における到着と出発時間の間隔＝⑤）を調べるが、どれも該当しない。しかも「1時間29分」を計算するのが地味に面倒くさい。これが師匠の狙いなのか。ならば路線の駅数を書き出して「一駅違い」から糸口を見つけようと、ＪＲ線以外の私鉄各路線の全駅数を時刻表で数える。なかなか地味で面倒くさい作業だ。これも師匠の……。だがどれも条件に合わない。

足柄駅手前、ロマンスカーの車窓から、大雄山線の五百羅漢駅が見える。絶景。

大雄山線（12駅）は大雄山最乗寺への参詣路線として開業。駿豆線（13駅）は韮山、大仁など観光地が多い。

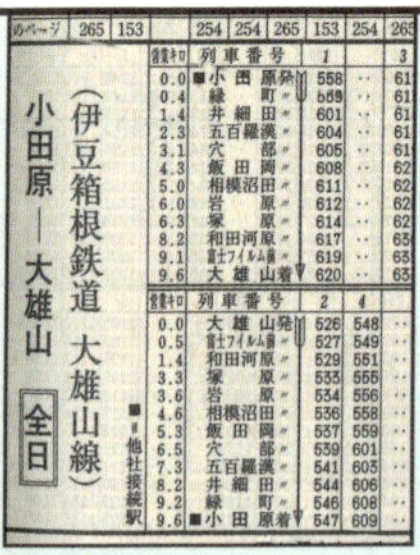

小田原—大雄山 （伊豆箱根鉄道 大雄山線） 全日

■ ＝他社接続駅

のページ	265	153		254	254	265	153	254	265

営業キロ	列車番号	1		3
0.0	■小田原発	558	‥	61
0.4	緑町〃	559	‥	61
1.4	井細田〃	601	‥	61
2.3	五百羅漢〃	604	‥	61
3.1	穴部〃	605	‥	61
4.3	飯田岡〃	608	‥	62
5.0	相模沼田〃	611	‥	62
6.0	岩原〃	612	‥	62
6.3	塚原〃	614	‥	62
8.2	和田河原〃	617	‥	63
9.1	富士フイルム前〃	619	‥	63
9.6	大雄山着	620	‥	63

営業キロ	列車番号	2	4	
0.0	大雄山発	526	548	‥
0.5	富士フイルム前〃	527	549	‥
1.4	和田河原〃	529	551	‥
3.3	塚原〃	533	555	‥
3.6	岩原〃	534	556	‥
4.6	相模沼田〃	536	558	‥
5.3	飯田岡〃	537	559	‥
6.5	穴部〃	539	601	‥
7.3	五百羅漢〃	541	603	‥
8.2	井細田〃	544	606	‥
9.2	緑町〃	546	608	‥
9.6	■小田原着	547	609	‥

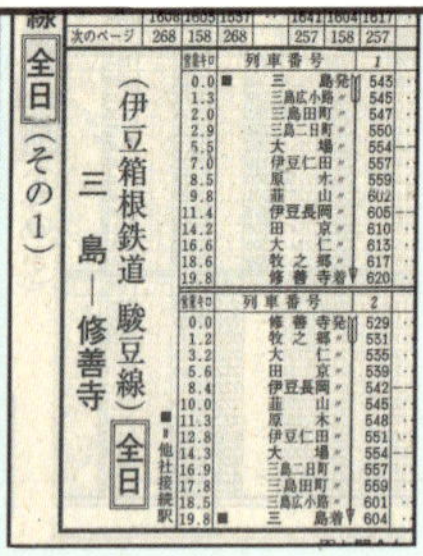

全日（その1）

三島—修善寺 （伊豆箱根鉄道 駿豆線） 全日

■ ＝他社接続駅

	1608	1605	1537	‥	1641	1604	1617
次のページ	268	158	268		257	158	257

営業キロ	列車番号	1
0.0	■三島発	543
1.3	三島広小路〃	545
2.0	三島田町〃	547
2.9	三島二日町〃	550
5.5	大場〃	554
7.0	伊豆仁田〃	557
8.5	原木〃	559
9.8	韮山〃	602
11.4	伊豆長岡〃	605
14.2	田京〃	610
16.6	大仁〃	613
18.6	牧之郷〃	617
19.8	修善寺着	620

営業キロ	列車番号	2
0.0	修善寺発	529
1.2	牧之郷〃	531
3.2	大仁〃	535
5.6	田京〃	539
8.4	伊豆長岡〃	542
10.0	韮山〃	545
11.3	原木〃	548
12.8	伊豆仁田〃	551
14.3	大場〃	554
16.9	三島二日町〃	557
17.8	三島田町〃	559
18.5	三島広小路〃	601
19.8	■三島着	604

曇天は花の色が映える。人影もまばらで、もしかしたらあの世だったのかもしれない。

開業90周年（2015年）を記念したオールドカラー復刻バージョンの5501編成。

ソテツとサクラが左右を固める駅。予定外だが、立ち寄ってよかった。

右／前に金太郎と仲間たちの銅像がある。左／大雄山駅にて。駅員さん手書きのお知らせがいい。「駅長室」の書体もいい。

ここで気づいたのが旅費の値段だ（駅数を数え終わる前に気づきたかった）。近郊で7000円は比較的高いし、制限時間が10〜20時というのも長い。遠くへ行く……特急か！　特急料金ゆえの7000円。新宿発特急に乗って、同じ鉄道会社の2路線に乗車可能なのは、伊豆箱根鉄道。小田原駅からの大雄山線と、三島駅からの駿《すん》豆《ず》線。そして往復は小田急ロマンスカー。贅沢な春の旅だ。

早春の堤防に花が咲きほこる

当日は快晴、ロマンスカーの後ろ展望席に乗車。親子連れがパック入りのイチゴを分け合って食べている。小田原まではノンストップで約1時間だ。

大雄山線は、出発するとすぐに次の緑町駅に到着。そこから大き

駿豆線の大仁駅。①書体やくすんだ水色などが愛おしい駅舎。②円形劇場のような階段のカーブが美。③ホームの水飲み場はタイルが美しい。④大仁は金山の地下から温泉が噴出した。駅前には、飲用可の温泉と足湯がある。

復路の東海道本線、太平洋に面した根府川駅。深い青が空と海をつないでいる。

上／修善寺駅のホームにも水飲み場。四角のタイルは、むかしの小学校を思い出す。下／転換クロスシートでふかふか。旅情あり。

くカーブして、以降は住宅地を行く。12駅をおよそ20分で走る、こぢんまりとした路線だ。終点の大雄山駅は山小屋風の駅舎で、金太郎の像が改札近くにある。

動了尊を祀る最乗寺へ行くには時間が足りず、そばを食べたのち周辺を散策する。狩川沿いを歩いていると、彼方の堤防にサクラ並木らしきものが見える。帰りの時間が頭をよぎるも今季初サクラには抗《あらが》えず近づいていくと、見事。今がさかりと咲きほこり、道行く人も少なく、存分に花見ができる。曇天ですこし肌寒いのも、花見の醍醐味《だいごみ》だ。のんびりし過ぎて大雄山駅に戻るには時間があやしくなり、ひとつ手前の富士フイルム前駅へ向かった。

小田原に戻り、JR東海道本線で三島駅、駿豆線に乗り換える。終点の修善寺駅は真新しい駅舎で、

【今回の旅程】

新宿駅
10：10
↓ 小田急線
特急ロマンスカー
「スーパーはこね13号」
11：18
小田原駅(A)
11：24
↓ 伊豆箱根鉄道大雄山線
11：45
大雄山駅 ┄┄ 徒歩
13：14（予定変更）
富士フイルム前駅
13：15
↓ 伊豆箱根鉄道大雄山線
13：35
小田原駅
13：52
↓ 東海道本線
14：15
熱海駅
14：37
↓ 東海道本線
14：51
三島駅(B)
15：12
伊豆箱根鉄道駿豆線
15：50
修善寺駅
16：51
↓ 伊豆箱根鉄道駿豆線
17：27
三島駅
17：30
↓ 東海道本線
17：43
熱海駅
17：51
↓ 東海道本線
18：21
小田原駅
18：37
↓ 小田急線
特急ロマンスカー
「はこね42号」
19：50
新宿駅

新宿駅⇔小田原駅（小田急線）…880円＋特急料金890円（×2）
大雄山線1日フリー乗車券「金太郎きっぷ」…540円
駿豆線1日乗り放題乗車券「旅助け（たびだすけ）」…1020円
小田原駅⇔三島駅（JR）…670円×2

交通費　合計6440円

2017年3月取材

つかみどころがない。ミッションは1時間1分の散策だが、できるなら途中の大仁駅に降りてみたく、改札横の店で駅弁を買って早々に折り返す。

大仁駅のホームには風情ある水飲み場があり、じっくり観察したかったのだ。その目的は達して満足したのだが、この行程はミッション違反だったのでは……と、帰りのロマンスカーで急に不安になった。

師匠から弟子へ

同じ鉄道会社の2つの路線とは？

弟子は支線が多くある西武鉄道に目を付け、さらに他の私鉄もチェックしたが、「1駅違い」の条件に合うところがない。一番のヒントは交通費！ 東京都内ではないことに気付いたことで、難なく伊豆箱根鉄道大雄山線と駿豆線にたどり着いた。同社は西武グループなので、西武のオールドカラーの復刻車両にも出合えたようだ。レトロな雰囲気の駅舎やホーム水飲み場など、地方私鉄ならではの楽しさと小田急ロマンスカーの旅を満喫できて何よりだ。

Vol. 09

酒と駅弁を楽しむ列車旅

Level：

MISSION

下記の条件を満たす旅程を作り、駅弁と酒蔵を巡る旅に出よ！

交通費 自由　**旅の日程** 自由（平日）

① 東京駅の姉妹駅がある国の料理をアレンジした駅弁があるA駅が起点。
② A駅から3つ目の駅から始発の電車に乗り、3社が接続するB駅へ。
③ B駅から北へ徒歩25分にある県内13蔵の一つを訪ねて試飲を楽しむ。
④ B駅からは路線バスが運行。蔵まで徒歩5分の今泉バス停の利用もOK。
⑤ B駅から4つ目のC駅で下車し、路線バスで約28分の終点Dへ。
⑥ 参道を歩き、往復1100円の乗り物で神社を参拝！ 自分にお神酒を！
⑦ 復路は名物を味わい、Dバス停からC駅に戻り、C駅から2つ目のE駅へ。
⑧ E駅から徒歩4分の県酒造会館で13蔵の銘柄から希望のものを購入。
⑨ E駅〜旅の終着・F駅までは座席指定の特急列車を利用。地酒を楽しむ！

送られてきたミッションには、酒、蔵、試飲などの文字が躍っている。今回は鉄道というより、おもに酒を楽しめばよいということらしい。本望だ。全力で試飲したい。

まず③「県内13蔵」に着目し、関東近郊の酒蔵の数を調べる。13蔵あるのは神奈川県（ちなみに関東地方でいちばん多く酒蔵があるのは茨城県の45蔵）。次に⑥「往復1100円の乗り物」はたぶんケーブルカー的なものだろうと地図を見ると、小田急小田原線伊勢原駅近くに大山ケーブルがある。だからCは伊勢原駅、Dは大山ケーブルバス停。Cからの駅数でBは海老名駅、Eは本厚木駅、終着のFは新宿駅。最後にA。東京駅の姉妹駅は、ニューヨークのグラン

海老名市のキャラ「えび〜にゃ」。モチーフはエビと猫、体は市名産のいちご。

『大船軒』の台湾風ルーロー飯弁当900円。香辛料と共に甘辛く煮た豚肉が白米に合う。

風情あるこま参道沿いには、名物の豆腐料理の店が多数。湯豆腐なぞが狙い目だが、湯葉そばでお茶を濁した。

『泉橋酒造』では季節限定の「秋とんぼ 山田錦」を購入。夏の酒はラベルがヤゴで、爽快辛口。季節ごとに楽しみがある。

ドセントラル駅、アムステルダム中央駅（オランダ）、フランクフルト中央駅（ドイツ）、新竹駅（台湾）があるが、代表的な料理が駅弁になりやすいのは、たぶん台湾。時刻表の本文下部に掲載されている主要駅の駅弁リストを参照すると、大船駅「台湾風ルーロー飯弁当」を発見。Aは大船駅だ。

秋空の下
本腰を入れて観光する

風は冷たいが空は高く、清々しい秋の日。大船駅で駅弁を手に入れ、東海道線で3つ目の茅ケ崎駅から相模線に乗り換えて海老名駅で下車。鉄道会社3つ②とは、JR・小田急・相鉄だが、線路だけなら隣の厚木駅にもこの3社は通っている。JR・小田急は旅客駅、相鉄は貨物駅なので正解ではないが、相鉄の留置線に古い車両

山に抱かれる阿夫利神社駅とケーブルカー。相模湾一望と、いずれも劣らぬ絶景。境内には獅子を祀った獅子山がある。

上／帰りはロマンスカー（EXE）。2017年3月には新型EXEαがデビューした。下／ロマンスカー形の自動洗浄機。動くところが見たい。

厚木市・黄金井酒造の「盛升」を購入。蔵と酒の名前に金運を勝手に期待した。切実。

大山ケーブルの新型車両は窓が大きく、緑との一体感あり。

がおかれていることがあるのは見どころのひとつだ。

　海老名駅から歩いて『泉橋酒造』へ。山田錦や雄町などの酒米作りに自ら取り組んでいて、蔵の隣には田んぼが広がる。シンボルマークは赤とんぼ。稲穂の上を飛び交う光景が目に浮かぶようだ。

　駅に戻り、大山を目指す。伊勢原駅からバスに揺られ、山を分け入ってゆく。車内の年齢層は高め、重装備の人も多い。終点で降りると、こま参道と呼ばれる長い階段状の参道が始まる。案内によると362段。気が遠くなるが、土合駅のホームから改札までの486段よりは少ないと己を鼓舞する。半分くらいきたところで力尽き、湯葉そばを食べて一服、どうにかケーブルカー乗り場にたどり着く。

　2年前に新造された車両は、ヘリコプターで大山ケーブル駅まで運ばれてきたという〝空を飛んだ車両〟だ。窓ガラスが大きく、眺望も素晴らしい。山中腹の大山阿夫利神社の境内からは、空気も澄んで遠く相模湾まで見わたすことができた。紅葉もすこしはじまっていて、いくら眺めても飽きない風景だ。

　最後に立ち寄るのは、『神奈川県酒造会館』。大型冷蔵庫の中に入って県内の地酒を選ぶ。四合瓶を2本買って帰路についた。

【今回の旅程】

大船駅(A)☆駅弁購入
9：03
↓東海道線
9：15
茅ケ崎駅
9：27
↓相模線
10：00
海老名駅(B)
↓徒歩約25分
泉橋酒造
↓徒歩5分
今泉バス停
↓バス
海老名駅
11：03
↓小田急小田原線快速急行
11：14
伊勢原駅(C)
11：40
↓バス
12：05
大山ケーブルバス停(D)
↓徒歩15分(こま参道)
大山ケーブル駅
13：00
↓大山ケーブルカー
阿夫利神社駅
14：20
↓大山ケーブルカー
大山ケーブル駅
↓徒歩15分(こま参道)
大山ケーブルバス停
14：45
↓バス
15：10
伊勢原駅
15：35
↓小田急小田原線急行
15：41
本厚木駅(E)
↓徒歩4分
神奈川県酒造会館
↓徒歩4分
本厚木駅
17：45
↓小田急線 特急ロマンスカー「さがみ82号」
18：35
新宿駅(F)

2017年10月取材

師匠から弟子へ

弟子にサービス！酒と駅弁を堪能せよ

　いろいろな条件を提示して旅程を立てさせているが、複雑な条件が絡む場合は「酒」と「駅弁」をテーマにすることで、弟子もふだんの実力以上の力を発揮するというもの。条件の「県内13蔵」が神奈川県と断定できるサービス問題となった。すぐに台湾風の駅弁を見つけ、お神酒を求めて大山詣でとは、誰もが楽しみたいと思う旅だろう。県内には丹沢山系の水などを使って酒造りをする蔵が13もあり、芳醇な味わいを県内の居酒屋などで楽しむことができる。

Vol. 10

トクトクきっぷ活用術

Level：

MISSION

トクトクきっぷを活用して、下記の条件を満たす旅程を作り、車両や車窓を楽しむ旅に出よ！

交通費　9000円以内　旅の日程　2016年5〜6月の土・日6:30〜20:30

出発駅　新宿駅　到着駅　新宿駅

① SL列車の始発駅の発車を撮影する。
② 全線の営業キロが約88キロのJRローカル線に乗車する。
③ JR特急列車の始発駅から終着駅まで普通車自由席に乗車する。
④ 特急列車の終着駅では散策＆夕食時間として2時間を確保する。

今回の課題でまず目をつけたのは、②「営業キロが約88キロのＪＲローカル線」。具体的な数字が出ているから絞り込めるはずと思い、『ＪＲ時刻表』巻頭のさくいん地図を探す。目安として八高線を調べると、92キロ（八王子〜倉賀野）。これと同等距離の路線をいくつか調べ、身延線（甲府〜富士／88・4キロ）と判明。すると③の特急列車は、甲府〜新宿を走る特急「かいじ」かと思うが、④の終着駅は新宿駅ではないだろう……そもそも①にしても、関東近郊でＳＬ列車が走っているのは、真岡鐵道、秩父鉄道、上越線・信越本線、大井川鐵道あたりだが、いずれも「かいじ」が走る沿線からは遠すぎる。そして重くのしかかる

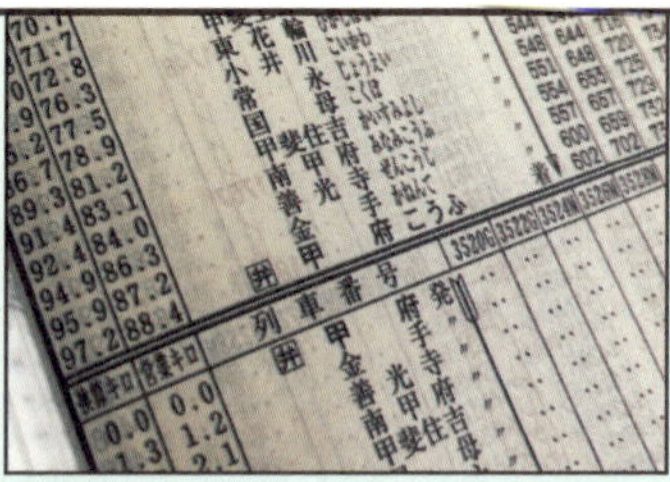

時刻表には「営業キロ」の表示がある。「課題②」は路線の始点から終点までのキロ数に注目。

大井川鐵道の始発、金谷駅。沿線のおみやげ売り場やこぢんまりとした改札。きっぷは硬券。

蒸気機関車の始発である新金谷駅。駅舎は大きく立派で風情がある。構内には転車台もある。

大井川鐵道は、日本各地の旧車両が走っている。乗ったのは近鉄の旧車両。ふかふかシート。

「交通費は9000円以内」。
1週間悩んだ末に師匠にヒントをもらう。曰く「JR2社のトクトクきっぷ各1枚と一部区間で普通乗車券を買う」。JR2社！と膝を打つ。そして再度、時刻表の「特急運転系統図」を見ると富士～甲府を結ぶ特急「(ワイドビュー)ふじかわ」がある。疑問氷解。勇んで行程を立て、いざ出発。

天気はぱっとせずとも見どころは満載

ミッション遂行の日は、見事な曇天だった。東海道本線の下り列車は乗客も多く、一部で太平洋を眺めるも、比較的退屈な路線。すぐ横を、新幹線が光の速さで通り過ぎる。いったい何本の列車に追い越されただろう。天気も相まって、どこか虚《むな》しい気持ちになる。東海道を下るのであれば、富士山

①長く歴史を刻んだボックスシート。②武骨な窓。煤が入るから閉めたほうがよいけれども。③発車直前、汽笛とともに一帯が白くけぶる。心が沸き立つ。

静岡駅にて。手前の男子2人組は、こちらがシャッターを押してる間に食べ終わった。

身延線は富士宮駅を過ぎたころから富士川に沿って走る。列車の速度はそれほど速くない。

を拝むことを心の拠り所にしていたが、この日、一秒たりとも姿を見せてくれなかった。

出発から約4時間半後、ただ長く電車に乗った疲れで、うすらぼんやりとした体で金谷駅に到着。大井川鐵道の窓口できっぷを買おうとして「金谷駅まで」と言い、「金谷はここです。新金谷までですね？」と駅員さんが微笑《ほほえ》む。「そうでした」と微笑み返す。

新金谷駅ではすでに、蒸気機関車が煙を上げていた。以前、トーマス号を見に来たことがあるが、今回の機関車はうって変わって重々しく、使い込まれた貫禄がある。客車を7両もひいている。乗客の熱気が渦巻くなか、発車間近になって一段と煙を吐く勇姿を夢中で撮影したが、気づけば頭から煤《すす》をかぶっていた。駅員さんにも「汚れますよ……」と不審がられる。

右／富士川をデザインした（たぶん）ヘッドマークがいい。こうしたイラスト風のものは気づけば最近見ない。左／セミコンパートメント席もある。次はこの席に。

夕暮れの甲府盆地。車内が夕日に染まっていく。見とれていて、シャッターチャンスを逃しまくった写真。

静岡駅で購入。「はごろもフーズ」の羽衣は三保の松原由来と知る。

上／甲府城近くの線路で見かけた機関車EF64。その渋い色味に見とれる。下／鶏もつ煮の味付けは、なかなか濃厚。ビール以外の飲み物が思いつかなかった。仕方なく飲んだ。

なぜ今日に限って白いシャツを着てきたのか。己を恨《うら》む。

一駅戻って金谷駅、東海道本線上りに乗って静岡駅。東海道本線〜身延線を走る「（ワイドビュー）ふじかわ」は、3両編成のこぢんまりとした特急だ。初めは座席が後ろ向きに走り、富士駅から前進するスイッチバック方式で、発車が後進ということを知らずに乗ると驚く。富士山を回り込むように走っているはずが、山は相変わらず頑固な雲に隠れているので、富士川を楽しむことにする。日本三大急流のひとつではあるが、流れは広く穏やかだ。曇天のせいで全体的に靄《もや》がかかったようで、深い山の中を流れる様は幻想的だった。山を越えて平地が続くと、まもなく甲府。太平洋側から甲府盆地へ、風景がゆっくりと移り変わる。

甲府では2時間ほど自由時間。

夕暮れどき、そば屋の開店を待って、甲州名物・鶏もつ煮をいただく。本来、鶏もつ煮はそばの店で出されるものらしい。

新宿への帰路、ようやく雲が晴れてきた。塩山《えんざん》～勝沼ぶどう郷間の、キングオブ盆地ビューとも呼べる風景が個人的に大好きなのだが、ちょうど夕日が盆地をあかね色に染めている。かつてない絶景だ。富士山は見えずとも、終わりよければすべてよし。

2016年5月取材

【今回の旅程】

新宿駅
6:40
↓湘南新宿ライン・東海道線
8:02
小田原駅
8:17
↓東海道本線
8:40
熱海駅
9:06
↓東海道本線
10:57
島田駅
11:09
↓東海道本線
11:14
金谷駅
11:24
↓大井川鐵道
11:27
新金谷駅
☆11:52新金谷駅発
「かわね路1号」撮影
12:06
↓大井川鐵道
12:10
金谷駅
12:30
↓東海道本線
13:01
静岡駅
13:40
↓東海道本線・身延線
特急「(ワイドビュー)
ふじかわ7号」
16:02
甲府駅
18:08
↓中央本線
19:40
高尾駅
19:48
↓中央特快
20:30
新宿駅

休日おでかけパス…2670円
小田原駅→熱海駅…410円
休日乗り放題きっぷ…2670円
金谷駅⇔新金谷駅…150円×2
自由席特急券…1830円
甲府駅→大月駅…840円
- -
交通費　合計8720円

師匠から弟子へ

複数の指令から行き先を解くことに！

今回は「交通費９０００円以内」の条件で弟子は迷路に迷い込んだ。ＳＯＳにより「トクトクきっぷを２枚使う」という追加ヒントを出すことで解決。今回使用した「休日おでかけパス」は、ＪＲ東日本の首都圏エリアの快速・普通列車が土休日の１日間乗り降り自由となる便利なきっぷ。＋グリーン券で快速・普通列車のグリーン車自由席にも乗れる快適なものだ。それに加えて29～32ページで使用したＪＲ東海の「休日乗り放題きっぷ」を思い出せば、すぐにクリアできただろう。過去の経験を応用する問題で弟子を試した！

駅前風景コレクション

烏山駅

大金駅

烏山駅

腰越駅

常陸太田駅

烏山駅

常陸太田駅

吉原本町駅

常陸太田駅

桜木町駅

新津駅

竜ヶ崎駅
竜ヶ崎 通運

竜ヶ崎駅

観音駅
Memory

竜ヶ崎駅
KONOSU

竜ヶ崎駅

武蔵高萩駅
コーヒー＆スパゲッティー ちゃみ COFFEE & SPAGHETTI CHAMI

寄居駅
歓 お買物は寄居町で 迎

竜ヶ崎駅
ますや食堂

武蔵高萩駅
ちょっと一杯！
やきとり
Indigo

田浦駅

大雄山駅
飯沢米穀店
米穀
食品

COLUMN

日々の穏やかな生活を探して

駅

に降りて一人、街を歩く。降りるきっかけはさまざまだ。ある路線内の終点だったり、駅名にひかれたり、ちょっとした鉄道遺産がある駅だったり。大抵が、なんということはない街である。一人で歩くのは、そんな街がいい。

　都心の喧噪《けんそう》から離れ、車窓の景色から建物が少なくなり、車内の乗客もまばらになってくると、そろそろ「降りどき」である。車両から吐き出されるようにホームに降り立ち、まずは深呼吸。どこか目的地へ向かって急ぐ人たちに先を譲り、小さく「さて」とつぶやく。なにしろ目的はない。どの方向へ行こうか、無人のホームでしばし考え、改札を抜けて気が向いたほうへと歩きだす。

　なんでも揃うコンビニはなく、チェーン店もなく、喫茶店、雑貨店、書店、美容院と、それぞれの持ち場で奮闘する店が、ぽつぽつとある。お世辞にも大繁盛という空気は流れていない。ひょっとすると永遠に休業しているかもしれない。人間の気配よりも、長い年月を刻んだらしい建物自体の存在感が勝っている。だが、前に立ってしばらく見ていると、生活の営みの一端がほのかに漂ってきて、それはどんどん濃くなっていき、思わず写真を撮る。そうやって人知れず高揚しながら撮った写真が、気づけばかなりたまっていた。

　見返すと、ほとんどの写真に人間が写っていない。一見、ゴーストタウンのようにも見える。でもなぜか思い出すのは、近くをすれ違った人たちで、店先の花に水をあげる女性、自転車で颯爽《さっそう》と走り抜けたおじいちゃん、歩行器を使ってゆっくり進むおばあちゃん、乳飲み子を抱えたお母さんなど、記憶は不思議と鮮明だ。

　仕事の機会がなかったら立ち寄らなかったであろう、故郷でも現在の住まいでもない土地で、一瞬、見かけた人たち。ついつい見どころを探してしまう観光旅行とは違う、なんということはない穏やかな風景を、大事に心に留めておきたい。

気になる路線

Vol. 11

「地方交通線」とは何か

Level：■□□

MISSION

**東京都唯一の地方交通線・八高線に乗り、その実態を報告せよ！
旅程はアレンジし、〝ローカル線感〟を楽しむ旅にすること。**

八王子駅
11：08
↓八高線＊1
11：45
高麗川駅＊2
14：32
↓八高線
15：17
寄居駅
16：59
↓八高線＊3
17：40
高崎駅

＊1 東福生駅〜箱根ケ崎駅間は右手に米軍横田基地。箱根ケ崎駅手前のコンクリートの切り通しは、非電化時代のトンネルの跡。滑走路の延長線上なので、トンネルで列車を守るものだった。

＊2 八高線の列車だが、行先は「川越」？八王子〜高麗川間と高麗川〜高崎間では八高線の運転系統が分離しており、全線通しで乗れる列車はない。電化・非電化が縁の切れ目か!?

＊3 北藤岡駅の先から高崎線に合流。倉賀野駅が線路戸籍上の終点。

JR八高線は、東京の八王子駅から北上して埼玉西部を縦断、群馬の高崎駅へと至る路線だ。師匠に指令を出されるまでは、一度も乗ったことはないし、沿線の駅名にもあまりなじみはなかった。

その八高線は都内唯一の「地方交通線」だ。地方交通線とは、JRにおいて赤字ローカル線の収支の均衡を図るために別途運賃を定めた路線のこと。中央本線や東海道本線のような大動脈とは違って利用する人が比較的少ないから、料金体系が違う（ちょっと高い）。関東近郊だと千葉の久留里線と東金線、栃木の日光線と烏山線などがある。正直なところ、地味なミッションだなと思った。

八王子駅、八高線のホームには

高麗川駅にて。左は八王子からやってきた電車、右は高崎行きのディーゼル車。同じホームに違う車種。

右／高麗神社境内にある「高麗家住宅」。江戸前期に建てられた。国の重要文化財に指定されている。左／高麗川駅前には、将軍標（朝鮮半島の魔除け）があしらわれたハイキングマップがある。

高麗川駅『手打ちうどん はら』の鴨汁うどんは美味。野菜かき揚げ、鴨つくね焼きが付いたセット990円。

オレンジ×ウグイス色のラインの電車が止まっていた。見慣れぬ配色と短い4両編成に、ローカル気分が高まる。だが行き先は高崎じゃなく「川越」。この謎はおいおい解明される。

拝島駅では、青梅・五日市線と西武線が接続する。〝東西〟を結ぶ路線が多い東京や埼玉の西部において、八高線など〝南北〟を貫く路線が好きだ。他路線と合流するたびに空気やにおいが少しずつ変わっていく。八高線は、ＪＲ線のほかに西武・東武・秩父鉄道と交差していて、合流していく川の流れのようだ。

東福生駅を過ぎると右手に横田基地が広がる。師匠によると、箱根ケ崎駅手前にコンクリートの切り通しがあるらしい。基地の滑走路の延長線上に線路があるため、もしもの場合に備えて列車を守る

高麗川駅近くの分岐点。かつて太平洋セメントの工場へ向けた専用線があった。

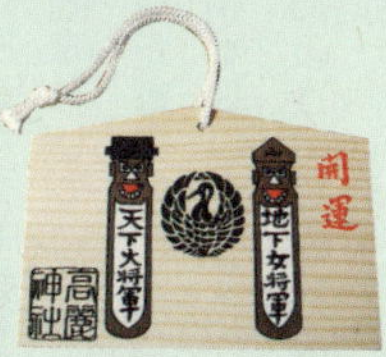

上／高麗神社の絵馬。ちょっと愉快な感じがいい。左／寄居の地酒「白扇」ひやおろし。限定品。

右／名勝玉淀。曇天ではあったが川面にぼんやり映る緑は美しかった。快晴なら、いかばかりか。左／寄居にて、玉淀への入り口付近にあった歓迎の門。温泉地などで見かけるが、観光客としては心躍るもの。

トンネルがあった跡とのこと。元トンネルだけあって切り通しは車体の高さほどあり、一瞬車内が暗くなる。ちなみに八高線は山深いところを走るイメージだがトンネルはひとつもない。埼玉県に入ると徐々に上り坂になり、茫漠《ぼうばく》とした丘陵地帯を越えると高麗川駅に到着する。いったん、下車。

八高線の花形は非電化区間にあり

高麗川は、かつての武蔵国高麗郡。唐と新羅によって滅ぼされた朝鮮半島の高句麗からの渡来人によって切り開かれた。716年のことである。高麗神社は首長だった高麗王若光《こまのこきしじゃっこう》を祀っていて、代々子孫が宮司を務め、現在60代目。なぜ海沿いでもないこの地にやってきたのか、などと考えながら神社までの道のりを歩いた。

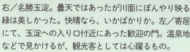

高麗川から高崎へ向かう車両はディーゼル車だ。八高線は、八王子〜高麗川間は電化区間、高麗川〜倉賀野間は非電化区間。だから一つの路線なのに直通運転はない。一方で、八王子から高麗川を経由して川越線（電化区間）への直通運転をしている。表向きの名前に背を向けて、電化を理由に他線に浮気している感じがいい。同じホームの右と左にディーゼル車と電車が並ぶ光景をしばし堪能し、ぶるんぶるんエンジン音を響かせているほうに乗車。ここからが八高線の本領だ。

ディーゼル車特有の振動と音に身を任せる。駅間が長くなり、ところどころは無人駅だ。発車ベルは鳴らず、ひっそりとドアが閉まって動き出す。乗客は本や雑誌を読んでいる人が多く、静かで穏やかな時間が流れてゆく。途中、越生《おごせ》駅と小川町駅で東武線と交わるが、ホームに停車しているパンタグラフが付いた電車の行き先が「池袋」だったりするのを、どこか遠い国の風景のように眺める。電化・非電化でこうも気分が変わるとは思わなかった。

寄居駅で降りる。町には荒川が流れていて、その河原は玉淀と呼ばれる名勝だ。夕暮れが迫って家が恋しくなり、東武線で都心へ向かいたい気持ちが湧いたが、こらえて高崎へ向かう。あたりはどんどん暗くなり、終点へ向かうにつれて人が増えていく。高崎駅に降りると、明るい照明と人の多さで、現実に引き戻された。八高線、一粒で二度おいしい路線である。

2013年10月取材

師匠から弟子へ

地方交通線でローカル列車を満喫

JRには幹線と地方交通線の二つの路線があるが、これは年間の利用者数など一定の基準を設けて区分したもので、当然のことながら地方交通線の運賃の方が割高。首都圏の大半の路線は幹線であるが、八王子〜倉賀野間の八高線や大網〜成東間の東金線、木更津〜上総亀山間の久留里線は地方交通線である。弟子も気づいているが、高麗川駅を境に北と南では違う路線のように変化している。電車よりも気動車の方がローカル列車の雰囲気を楽しめるだろう。

気になる路線

Vol. 12

両端2駅しかない盲腸線

Level：

MISSION

首都圏の「盲腸線」の中から両端2駅しかない路線を探し出し、その実態を報告せよ！

【弟子が作った旅程】

●東武大師線へ
西新井駅
↓東武大師線
大師前駅

●西武西武園線へ
国分寺駅
↓西武国分寺線
東村山駅
↓西武西武園線
西武園駅
↓徒歩
西武遊園地駅
↓西武多摩湖線
国分寺駅

初めて〝盲腸線〟という言葉を聞いたとき、鉄道路線を内臓に例える斬新さに心打たれた。本線系統の途中駅から分岐して行き止まりの終着駅がある路線を指し、地図上で見るとあたかも盲腸のように見えることからその名があるが、実のところ正式な定義はない。だから何が盲腸線かは見解が分かれる部分ではある。個人的には間に複数駅があるのではなく、〝両端2駅しかない〟というシンプルな贅沢ぶりこそ〝盲腸〟と呼ぶにふさわしいと思っている。

都内で例を挙げると、西武池袋線・練馬～豊島園（西武豊島線）、京王線・東府中～府中競馬正門前（京王競馬場線）などだ。その多くが、遊園地や競馬場といったア

東武大師線

①東武大師線・大師前駅の無人改札。行き来自由。改札機能は西新井駅にあるため、こうした設備はいらないのだが、やはり結界のようなものがないと駅としての格好がつかないことに気づく。ここより駅構内。②大師前駅の高架ホーム（3階部分）。天井が丸く、舞台のようでもある。③2階部分にはクリニックがある。ホームから10歩。

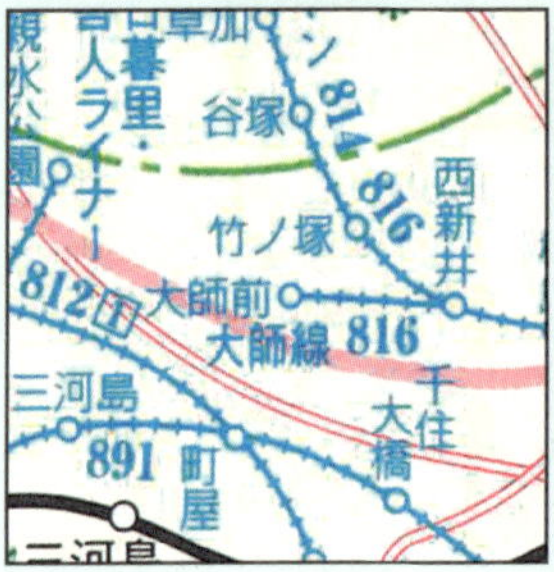

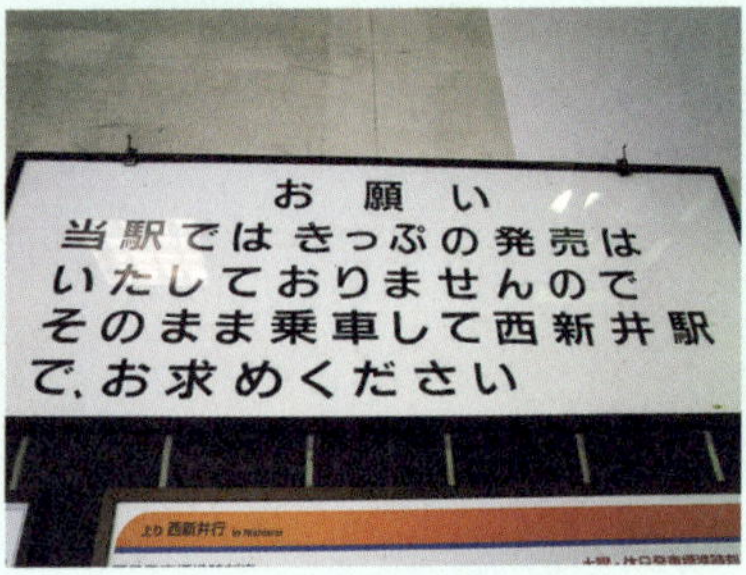

右／無人改札横にある駅とは思えぬ注意書き。アイデンティティクライシス。左／たとえ2駅でも、もちろん時刻表にダイヤが載っている。切符利用で150円。

ミューズメント施設への連絡線であり、日によっては本線から直通になるなど運行形態が変わることもある。今回は、東武スカイツリーライン・西新井～大師前（東武大師線）と、西武新宿線・東村山～西武園（西武西武園線）の２路線に乗ってみることにした。

東武大師線は、西新井駅と大師前駅の１キロを２分で結ぶ。西新井大師参詣のためにつくられた路線のように思えるが、当初は西新井から東武東上線・上板橋までつながる計画だった。この「西板線」は関東大震災やそのほか諸事情が重なって計画中止となり、昭和6年（1931）に先行して開業していた現・大師線だけが残ったのである。

そうしたすこし寂しい事情があるのだが、現在は2駅間を2両編成の電車がひたすら往復している。

①西武園駅。競輪場へ続く広々とした空間。②レジャー区画を囲むように路線が走る。③東村山駅。行き先表示には、1駅先の「西武園」。

右／西武遊園地駅のホーム。左は多摩湖線(終点)、右奥は新交通システムの山口線。左／西武は黄色がしっくりくる。中央に貫通扉がないタイプが、個人的にはいちばん好き。

上／西武園駅は競輪場だけの駅ではない。閑静な住宅地が広がる。駅から遊園地への道。下／遊園地入り口（中央口）すぐにある案内板。3路線・2駅が使えるのは、なんとも贅沢だ。

大師前駅は広々としたホームを持つ立派な高架駅で、西新井大師への参拝客だけでなく地元住民の利用も多い。だが無人駅だ。そして自動改札も券売機も精算機もない。この駅の改札的役割は、西新井駅の大師線のりばにある。だから出入り自由、究極のフリーダム駅。両端二駅しかない盲腸線ならではの省力システムである。秘境駅ならともかく、都心の駅で改札が自由通行などめったにない。わけもなく何回も行き来してしまった。

西武鉄道の成り立ちを体現する路線

次に向かうは西武西武園線。東村山駅と西武園駅と結ぶ2・4キロの路線だ。このあたりは、西武園駅のほか、西武遊園地駅、遊園地西駅と、同じ西武鉄道なのに違う路線で似たような駅名が密集している。それは、以前はそれぞれの路線が別々の会社だったからで、西武園線の源流は、旧西武鉄道(現在の西武鉄道とは別会社)の東村山駅〜村山貯水池前駅とされる。村山貯水池とは多摩湖のことで、戦前は風光明媚な観光地として注目され、旧西武鉄道と武蔵野鉄道(現在の西武鉄道の母体)はそれぞれ駅をつくり、熾烈《しれつ》な観光客誘致合戦を繰り広げていた。戦後、武蔵野鉄道が旧西武鉄道を吸収合併して、現在の西武鉄道となる。

　西武園駅は、前述の東村山〜村山貯水池前の路線の支線の駅として、1950年に開業した。多摩湖周辺に「東村山文化園」という一大レジャーランドの建設構想を打ち立てた西武鉄道が、その一部として村山競輪場(現・西武園競輪場)を開設、そのための駅であった。のちに、村山貯水池駅(村山貯水池前駅から改称)は西武園駅と統合する形で廃止、支線のみが盲腸線となって残り今に至る。

……複雑。難解。

　こうした歴史を知らずに西武園駅に降り立ったため、駅前にあるのが「西武園競輪場」で驚く。「西武園」とは「西武園ゆうえんち」のことだと思っていた。遊園地までは、住宅地をすこし歩かねばならない。そして遊園地の正門(中央口)とほぼ直結しているのは、西武多摩湖線・西武遊園地駅なのである。

　たった二駅しかない盲腸線に、鉄道の真髄に触れる奥深い歴史が隠されていた。たかが盲腸、されど盲腸。

2015年3月取材

両端に二駅のみの首都圏の盲腸線とは?

両端二駅のみで途中駅がない路線を「盲腸線」(途中に数駅がある場合も含む)と呼ぶが、今回は弟子が選んだ2つの盲腸線を調査するのが課題。いずれの路線も歴史的なおもしろさがあり、その点にも注目している弟子は流石《さすが》である。特に複雑に路線が絡み合っている西武園周辺には、新交通システムの山口線がある。我々の世代にとっての山口線は、ミニサイズのSL列車(1972年6月〜1984年5月)が走る遊園地の遊戯施設のような存在であった。

気になる路線

Vol. 13

「電車」が走る非電化路線

Level：■■□

MISSION

首都圏で電車（M）と気動車（D）が両方走る非電化路線を探し出し、その実態を報告せよ！

【弟子が作った旅程】

MとDが走る非電化路線＝烏山線

宇都宮駅
10：03
↓1329M
10：57
烏山駅
12：29
↓1332M
12：34
滝駅
14：04
↓334D
14：19
大金駅
15：49
↓1336M
16：11
宝積寺駅
16：32
↓660M
16：43
宇都宮駅

結

解師匠曰く「今回は時刻表の列車番号に注目。数字とアルファベットの組み合わせで番号が記載されていて、『数字＋M』は電車、『数字＋D』は気動車。首都圏ではMもDも走っているが、非電化ローカル線なのにMの付いた番号をもつ列車が走る路線がある。それはどこか」。

鉄分濃厚なミッションである。非電化路線（車両上部のパンタグラフも架線もなし。ディーゼルエンジンで走る。Dはディーゼル）なのに、どうやって電車（架線・パンタグラフが必須。Mはモーター）が走るのか。

線路か車両に何かしらの電気設備があると予想し、ならばそれほど長い路線ではないはず。八高線

烏山駅

右／充電中のパンタグラフ。左／駅前には烏山線開通時から使われていた腕木式信号機が残されていた。孤高の気高さ。

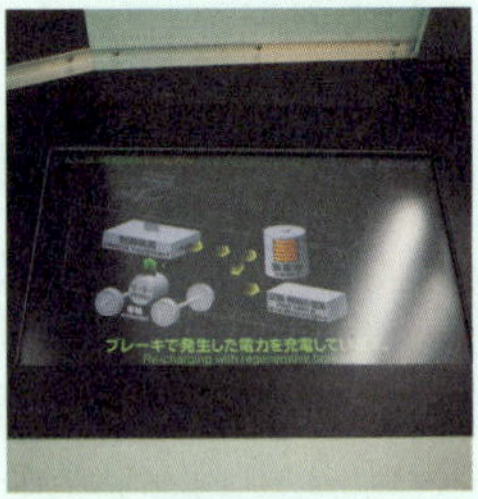

モーターの力でブレーキをかけて発電もする。

滝駅

滝駅の時刻表。アキュム車両の運行にはテープが貼ってあって親切。

滝の上をゆく烏山線の気動車（D）。木々の間を、ほんの一瞬で走り抜けていった。撮影時は2月だが、冬ザクラらしきものが咲いていたのが美しかった。

は一部（倉賀野～高麗川）が非電化だが、電化・非電化部分で車両が変わるので違う。路線図を見つつ、乗車経験から非電化路線は久留里線や水郡線だが、列車番号を確認してもDのみだ。そこで浮かび上がるのが烏山線。宝積寺駅と烏山駅を結ぶ全8駅、約20キロの路線である。それどこ？と思うが、一部の列車は宇都宮駅まで乗り入れていて全線が栃木県内。DとMの謎を解明するべく、宇都宮駅へ向かう。

乗るのは「ACCUM（アキュム）」という新型車両だ。非電化路線を走る電車のために開発された蓄電池電車である。車両に大容量の蓄電池を搭載し、電化部分（宇都宮～宝積寺）では架線からの電気で走行しつつ同時に充電、非電化部分では蓄電池の電力で走行するという仕組みだ。さらに烏山駅

大金駅

右／駅前には大黒様を祀った大金神社がある。
左／列車交換ができる駅なので、新旧車両のそろい踏みを見ることができる。

宝積寺駅

右／駅舎は2008年にリニューアルした。設計は建築家の隈研吾氏。
左／駅名表示板。七福神が宝を運んでくれそうだ。

気動車の車内、ロングシートの間にごみ箱が置いてある。造花の飾りも心遣いがうれしい。

にある充電設備や、走行中のブレーキからも充電できたりする。これが非電化路線を走る電車（M）の秘密だ。

乗り心地は電車そのもので、車内には電気の流れや充電具合がわかるモニターがあり不思議と目が離せない。発車時には電気を多く使い、停車時や下り坂のブレーキで充電する。電気がとても貴重なものに思えてくる。1時間ほどで烏山駅に到着。駅には車両が停車する部分にだけ架線があり、走り終えた車両はパンタグラフを上げて充電する。食事休憩のようで微《ほほ》笑《え》ましい。

烏山沿線を楽しむ できれば気動車で

1時間半後、充電完了したアキュムに再び乗り、一駅戻って滝駅で下車。ひねりのない駅名の通り、歩いて5分ほどのところに龍門の滝がある。滝の上を列車が走っているように見えるらしく、ぜひとも写真を撮りたい。滝駅から烏山駅へ向かう列車を狙う予定だが、時刻表で滝駅発車時刻を調べたものの、滝の上を通過する時刻は正確にはわからない。三脚も望遠レンズもないコンデジで、腕をぷるぷるさせてチャンスを待つ。逃したら次は1時間半後。結果、初めて連写機能を使いこなして、なんとか撮影することができた。

滝駅から乗るのは気動車（D）。アキュムとはうって変わってディーゼル音がうなりを上げる。車内は超ロングシートで、昼下がり、乗客も少なく車窓は山が連なる。気動車特有ののんびりとしたローカル線の風情。急に遠くまで来たような気持ちになる。永遠に乗っていたかったが、2駅先の大金駅で下車した。

烏山線には宝積寺と大金という、縁起の良さそうな駅名があり、かつては「宝積寺⇔大金」のきっぷが販売されていたという。今は、七福神をキャラクターとして各駅に看板がある。大金駅と聞けば、一度は降りておきたい。自営業としては切実な思いである。だがその邪《よこしま》な期待がいけなかったのか、大金らしき景気の良さはあまり感じられなかった。

大金駅からは再びアキュムに乗って宝積寺、乗り継いで宇都宮駅に戻る。新型車両に気をとられて、思えば気動車には一度、10分ほどしか乗れなかった。すこし心残りである。

2016年2月取材

師匠から弟子へ

非電化路線に 電車が走る意味とは？

架線のない非電化の路線では気動車が使用されるが、今回は電車が走るという摩訶不思議な路線を探し出し、その実態を報告するというものだ。この電車とはJR東日本が開発した蓄電池電車「アキュム」で、非電化区間の走行では大容量の蓄電池を使うというもの。なお、現在烏山線の気動車は引退し、すべてアキュムとなっている。東北地方の男鹿線や北九州の筑豊本線など電化路線に直通する非電化路線でも使用され、今後の活躍が期待されている。

気になる路線

Vol. 14

ノンストップの列車がある路線

Level：

MISSION

下記に該当する路線・駅を探し出し、旅程を作って旅に出よ！

交通費	自由	旅の日程	自由
出発駅	○○○	到着駅	新宿駅

① 始発のA駅から終着駅までノンストップの急行列車が運転されている。
② 始発駅から終着のB駅までノンストップの快速列車が運転されている。
③ A駅から別の路線の列車の最長の終着駅C駅まで乗車する。
④ C駅からB駅まで非電化路線の列車に乗車する。
⑤ B駅からD駅まで交流～直流区間を直通する列車に乗車する。
⑥ D駅からは乗り換えなしの直通列車で新宿駅まで戻ってくる。

今回のミッションは、一読しただけでは、なんの足掛かりもないように思えた。かろうじて注目したのは、⑤「交流～直流区間を直通する列車」。これは知ってる。幸運にも己の鉄知識引き出しに入っている情報だ。

茨城県石岡市に気象庁地磁気観測所があり、常に一定方向の磁場を作り出す直流電流を架線に流すとデータに影響が出てしまうため、付近を走る路線は一部が交流電化となっているのだった。該当するのは、常磐線、水戸線、つくばエクスプレス。同じ理由で、関東鉄道は非電化路線となっている。

すると④「C駅からB駅まで非電化路線に乗車」は関東鉄道に違いない。非電化路線と交直流直通

水海道にある登録文化財・二水会館。その名は鬼怒川と小貝川のふたつの河川にちなむ。

水海道駅

上／関東鉄道の水海道駅。改札前には風鈴が飾ってあった。下／駅名標の書体が郷愁を誘う。実家最寄りの駅、といった風情。

南石下駅

Suicaの読み取り機がどこか浮いている。駅名の下部が消えかけていた。

区間が合流するB駅は、関東鉄道常総線の起終点である下館駅か取手駅。この周辺で⑥「新宿駅まで直通列車」(きっと湘南新宿ライン)が走るのは小山駅(D駅)。ではB駅は水戸線沿線の下館駅、C駅を取手駅と予想、③「別の路線の最長の終着駅C」が取手駅なら、別の路線は常磐線直通の地下鉄千代田線。③「A駅」が、千代田線の始発である代々木上原駅ならば、①「A駅から終着駅までノンストップの急行」は小田急線急行といえる。②は関東鉄道で早朝に1本ある下妻(始発)～下館(終着)をノンストップで走る快速のことではないか。①と②の「始発」「終着」に惑わされながらも、なんとか答えにたどり着いた。いざ出発。

　代々木上原駅から常磐線直通千代田線に乗車、我孫子駅ホームで名物の唐揚げそばを食べる。

騰波ノ江駅

思わず座りたくなるホームのベンチ。かつて騰波ノ江駅にあった貨物引き込み線の一部を利用してトロッコ乗車体験ができる。

下館駅

右／下館駅、真岡鐵道の蒸気機関車が到着。左／改札上のステンドグラスが美しい。

騰波ノ江駅手前、遠くに筑波山が見えてくる。車窓に山が見えると、遠くまできたと思う。

取手駅で関東鉄道に乗り換え。途中駅の水海道駅までは複線、以降は単線となり、全線を直通する列車は少ない。1両編成の気動車は、程よく満席で発車した。住宅地の合間に畑、青々とした田んぼ、ときどきひまわりが色を添える。およそ30分で、水海道駅に到着。改札を出ると、広いロータリーに人影はまばら。梅雨どきの曇天と相まって、とらえどころがない。

関東鉄道の駅で聞く祭り囃子の音

次に降りたのは南石下駅。2015年9月、豪雨で鬼怒川が氾濫して関東鉄道は大きな被害を受けた。そのさい南石下駅周辺が水没し、駅がまるで船着き場のようだったのが忘れられない。その後どうなっただろう。駅周辺は道路や家が新しくなったように見えたが、駅はそのまま、小さいながらも孤高な風体で立っていた。屋根と木のベンチ、必要最低限の設備。張り紙には、取材日の2日後から駅改修工事が始まると書いてある。そうか、もうすぐお別れか。初めて来たくせに名残惜しい。ベンチに腰掛ける。人影はないが、遠くで祭り囃子が聞こえる。心地よく気が遠くなったところへ、3両編成のビール列車（イベント列車）が猛スピードで通過した。

喉の渇きを覚えながら、次は騰波ノ江駅で下車。開業当時の木造駅舎を生かして改修された新駅舎には、あたたかみが残る。この駅にはかつて農作物を運ぶための貨物引き込み線があり、その跡にトロッコ線を敷設して「とばのえ支線」としている。ホームにある木のベンチに座っていると、また祭り囃子が聞こえてきた。幻だろうか。

都心からちょっと足を延ばした、夏の小さな旅だった。

【今回の旅程】

10：22
代々木上原駅（A）
↓千代田線・常磐線直通
11：30
我孫子駅
11：59
↓常磐線
12：06
取手駅（C）
12：15
↓関東鉄道常総線
12：45
水海道駅
14：07
↓関東鉄道常総線
14：21
南石下駅
14：47
↓関東鉄道常総線
15：09
騰波ノ江駅
15：40
↓関東鉄道常総線
15：53
下館駅（B）
16：31
↓水戸線
16：56
小山駅（D）
17：26
↓東北本線（宇都宮線）・湘南新宿ライン
18：48
新宿駅

2016年7月取材

師匠から弟子へ

次は終点というノンストップ列車！

首都圏の全列車が掲載される『東京時刻表』を見ていると、始発駅の次は終着駅というノンストップ列車があることに気づく。主に利用者の利便性を考えたもので、小田急の急行は所要5分の短い乗車時間となる。弟子は「交流～直流区間を直通」から常磐線や水戸線、つくばエクスプレスを思い浮かべ、そこから逆に旅の起終点を割り出したようだ。関東鉄道のローカル線旅情を楽しんでもらいたいと思っていたが、見事に課題に応えるリポートとなった。

気になる路線

Vol. 15

起終点が3つ以上ある路線

Level：🚃🚃🚃

MISSION

下記に該当する路線・駅を探し出し、旅程を作って旅に出よ！

交通費 3500円以内　**旅の日程** 土・日・祝の6:40〜18:10

出発駅 上野駅　**到着駅** 上野駅

① 上野駅からA駅までの往復乗車券を購入する。
② A駅では今回の旅に有効なきっぷを購入する。
③ A駅から今回のミッションの路線の起点B駅に向かう。
④ この路線は、南武線の川崎・立川・浜川崎のように起終点駅が3つ以上ある。
⑤ 途中、時刻表に駅弁マークのあるC駅まで行き、駅弁を購入する。
⑥ C駅からB駅に戻る途中の駅から、D駅行きに乗り換える。
⑦ D駅またはB駅で、駅周辺の観光スポットを散策（約2時間30分）。
⑧ 最後はB駅から上野駅に向かう。

旅の日程を見て、制限時間が長いわりに交通費が３５００円と安いことに、まず目をつける。つまりA駅で買うきっぷは、お得なきっぷなはずだ。

そこで『ＪＲ時刻表』の巻頭ピンクのページ、「トクトクきっぷ」の項を探す。①②によれば、A駅は上野発の路線沿線の駅、かつ上野駅ではきっぷは購入できない。土・日・祝限定、東京近郊、お得なエリアは都内ではないとなると、該当するのは「ときわ路パス」。取手より先の常磐線などのＪＲ線と、茨城・栃木県内の私鉄に１日乗り降り自由なきっぷだ。

フリーエリアの路線図を見ると、④の「起終点が３つ以上ある」という条件に当てはまるのは水郡線。

久慈川を右に左に見ながら、列車は走る。季節の変化を間近に感じられる光景だ。

水郡線の車両は3両編成。見た目は新しいが、昔ながらのピィッと鋭い汽笛が鳴る。

右／瓜連駅。なぜかバス停が林立。墓標のようだ。左／静駅。駅舎がない無人駅。静神社がある。

右／『玉屋旅館』は駅前旅館であり、食堂でもある。弁当を予約するとホームまで持ってきてくれるサービスもあり。掛け紙に紙製のひも。由緒正しい外装。左／できたての弁当はこの上なく旨い。

上菅谷駅を分岐として、水戸〜安《あ》積永盛《さかながもり》と、水戸〜常陸太田がある。水郡線の時刻表を見ると、⑤の駅弁マークが付いているのは常陸大《ひたちだい》子《ご》駅（C）。ここまでくれば解けたも同然だ。調べてみると、起終点のひとつである常陸太田駅（D）の周辺は、見どころ満載の街並みがあるらしい。あとはミッションに従って旅程を立てた。

駅弁と絶景と心に長く残る路線

気持ち良く晴れた春の朝、上野から常磐線で取手。駅の券売機で「ときわ路パス」を購入し、さらに下って水戸駅。水郡線に乗り換える。ホームにはカラフルな気動車が停まっていた。行楽日和でもあり、車内はほぼ満席だ。向かいの老夫婦は仲良くチョコチップ入りクッキーを食べている。こちら

右／常陸大子駅前にはC12形の蒸気機関車が保存されている。左／気づけばあまり見かけなくなった紺地に白文字の表示板。ローカル線の駅に似合う。

常陸太田観光

上／街の中の高台に鎮座する若宮八幡宮。境内のケヤキは650年以上の樹齢を誇る。天然記念物。下／坂上からの眺め。

①沿道には蔵のような重厚な建物が並び、タイムスリップしたようだ。②③郷土資料館はかつて市役所として利用されていた。国の登録有形文化財。議場だった2階は多目的スペースに。

は水戸駅で購入した干し芋を食べる。分岐点である上菅谷駅を過ぎると車窓は田園風景となり、菜の花やシバザクラが鮮やかだ。チョコチップ夫婦は、静駅で降りると駅名標の前で奥様の写真を撮った。もしかすると、お名前なのかもしれないと妄想する。

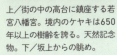

水郡線には「奥久慈清流ライン」という愛称がある。車窓に久慈川が見えてくるのを心待ちにしていたところ、山方宿駅を過ぎたあたりからときどき現れ、西金駅からは絶景が続く。山は芽吹きの季節で、それぞれの木ごとに色が違い、ひとつとして同じ色はなく、もこもこしている。常陸大子駅で下車、駅前の『玉屋旅館』で予約しておいた「奥久慈しゃも弁当」を受け取った。

上菅谷駅に戻り、今度は常陸太田方面へ。この日はずっと、各列

【今回の旅程】

上野駅
6:50
↓常磐線
7:34
取手駅(A)
7:42
↓常磐線
9:00
水戸駅(B)
9:22
↓水郡線
10:37
常陸大子駅(C)
11:23
↓水郡線
12:21
上菅谷駅
12:33
↓水郡線
12:47
常陸太田駅(D)
15:14
↓水郡線
15:53
水戸駅
16:06
↓常磐線
18:05
上野駅

上野⇔取手…1280円
ときわ路パス…2150円

交通費　合計3430円

2017年4月取材

車に3~4分ほどの遅れが出ていたが、取り戻そうと急ぐ気配がないところがいい。

終点の常陸太田駅は真新しい駅舎で、駅から坂を上った先に街が広がっている。この丘陵の起伏が鯨に似ていることから「鯨ヶ丘」と呼ばれているそうだ。この地には平安時代後期に城が築かれ、戦国時代には佐竹氏の城下町となる。江戸のころには廃城となったが、物資が集まる要所であり、かつての蔵が所々に残っている。道幅も広く、周辺は坂に囲まれ、天空の隠れ里のごとき地形だ。旧役場だった建物を利用した郷土資料館や、巨木が多く残る若宮八幡宮、城跡に立つ太田小学校などを見て回る。休日なのに、いや休日だからなのか、人の気配がほとんどない。丘陵の上から現在の市街を眺め下ろし、遠くには芽吹きの山。幻のような眺望だった。季節を違えて再訪したい街だ。

一つの路線で起終点が3つ以上とは？

例えば中央本線は東京と名古屋が起終点となるのだが、鶴見線では鶴見・大川・海芝浦・扇町と4駅が起終点。東海道本線や東北本線、山陰本線など3つ以上起終点がある路線は意外とある。今回は上野駅では買えないきっぷを使用するのがポイントで、春と秋の期間限定で発売される傾向にある「ときわ路パス」を利用。駅弁マークも少なくなったが、3つ以上の起終点+駅弁で容易に正解を出した。「奥久慈しゃも弁当」はぜひ味わいたい駅弁のひとつだ。

気になる路線

Vol. 16

何度も都県境を越える路線

Level：🚃🚃🚃

MISSION

下記に該当する路線・駅を探し出し、都県境越えと乗り換え駅の様子をチェックせよ！

交通費 自由　**旅の日程** 自由

① 都県境を5回も越える路線の起終点駅が、今回の旅のスタートのA駅。
② A駅から4つ目のB駅で列車を乗り換え、さらに5つ目のC駅に向かう。
③ C駅から都県境を4回越える路線に乗り、途中の「新」のつく駅で下車。
④ 隣接の「新」のつかない駅から列車に乗り、3社が接続するD駅で下車。
⑤ D駅から他社の列車に乗り継ぎ、1回県境を越えて終着駅のE駅に向かう。
⑥ E駅から4つの都県を通過する路線で、「お」で始まるF駅へ向かう。
⑦ 多くのレールファンが訪れるF駅周辺やホームからの眺めを楽しむ。

※路線＝例えば小田急線の小田原線と江ノ島線、多摩線は、それぞれ別の路線とする。

鉄道で移動していると都や県をまたぐ実感があまりない。東京と神奈川を分ける多摩川のように、河川が境になっているとかろうじて、橋を渡るときに越境した感じがある。今回は、この越境に注目したミッションだ。

『JR時刻表』の東京付近拡大図ページには都県境も記してあるため、この路線図を参照する。まず①「都県境を5回も越える路線」。越境が多そうな路線としてすぐに思い浮かぶのは、武蔵野線だ。府中本町駅（東京都）から埼玉県に入り、西船橋駅（千葉県）までの路線。路線図をたどると、新秋津の先で埼玉に入り東所沢、次の新座の手前で再度東京に入り、すぐに埼玉に戻る。三郷の先で千葉に

橋本駅

橋本駅は、京王相模原線、JR相模線、JR横浜線が乗り入れる相模原市（神奈川県）の拠点。

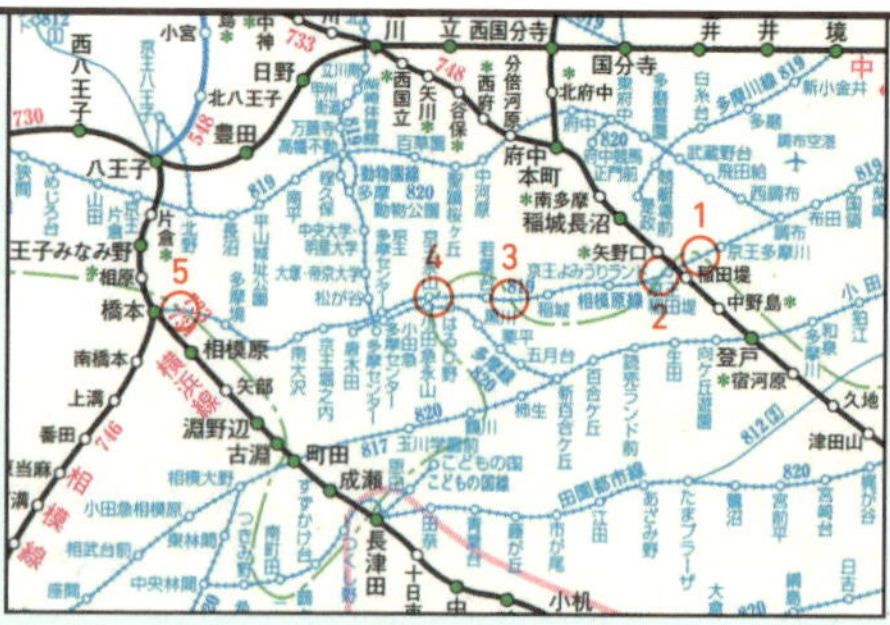

緑の線が都県境。京王相模原線は、調布を出発すると、多摩ニュータウンの中を走る。車窓には丘陵と住宅地が交互に見える。

西国分寺駅

中央線から武蔵野線へ乗り換える階段が、どこか劇場のよう。いつの間にか見かけなくなったホーム案内板の書体。

サンリオピューロランドの最寄り駅とあって、ホームの時計や、改札口がメルヘン度高し。高まる。

京王多摩センター駅

入り、以降県内を走る。越境するのは4回だ。駅名だけでなく、路線の位置も細かく見ていかなくてはならないことがわかる。

武蔵野線より多く越境する路線があるのだろうか……と不安になるが、東京と神奈川が複雑に入り組む町田・相模原あたりに注目。調布と橋本をつなぐ京王相模原線に目をつけると、見事に5回、都県境を行ったり来たりしている。橋本のひとつ手前の駅名はくしくも「多摩境駅」。都県の境でもあり、その境を流れる境川があり、多摩ニュータウンの境でもある。鉄道路線、地形、町づくりには密接なつながりがあるのだ。

川を渡るたびに県境を越える

そこで今回は、多摩ニュータウンを走る京王相模原線の起終点で

新京成線、北総鉄道、東武線の3線が接続。東武線乗り場のアピールがいちばん激しい。

JR武蔵野線は「しんやはしら」、新京成線は「やばしら」と、読み方が違う。ジェントルピンクの新塗装がまぶしい。

遠くの高架に東北新幹線「はやぶさ」、通常運転を引退した寝台特急「カシオペア」、デビューしたばかりの「四季島」を一度に見る贅沢。

ある橋本駅（A）からスタート。ミッションでは横浜線で4つ目の八王子駅（B）で乗り換え、中央線で5つ目の西国分寺駅（C）から、都県境を4回越える武蔵野線に乗るはずだった。

だが取材当日、JR橋本駅からの横浜線が止まっている。そこで相模原線で京王多摩センター駅へ戻り、そこから多摩モノレールで立川北駅、徒歩で中央線の立川駅、そこから西国分寺駅というルートに変更した。

武蔵野線の駅名は、地名の前に「東西南北」か「新」がつくことが多い。「新」がつく駅と、つかない駅が隣接している（③④）のは、新秋津駅と、新八柱駅。今回は新八柱駅で降りて、徒歩で新京成電鉄の八柱駅へ行き、そこから新鎌ケ谷駅（D）へ向かう。接続するのは新京成のほかに東武線と、

【今回の旅程】

都県境を5回越える路線
＝京王相模原線

橋本駅(A)
12:03
↓横浜線で4駅
12:14
八王子駅(B)
12:29
↓中央線で5駅
12:48
西国分寺駅(C)
（京王相模原線・多摩モノレール・中央線で経路変更）
13:06
↓武蔵野線
※都県境を4回越える
14:07
新八柱駅
↓徒歩
八柱駅
14:27
↓新京成電鉄
14:39
新鎌ケ谷駅(D)※3社接続
14:50
↓東武アーバンパークライン
15:07
柏駅
15:13
↓東武アーバンパークライン
※県境を1回越える
16:19
大宮駅(E)
16:39
↓東北本線(宇都宮線)
※4都県を通過
17:00
尾久駅(F)

2017年7月取材

北総鉄道の3社（④）。

東武アーバンパークライン（野田線）は大宮駅と船橋駅をつなぐ路線だが、日中は直通する列車はほとんどなく、柏駅で一度乗り換える。直通する場合は柏駅でスイッチバックするそうで、これは一度経験してみたい。さきほど武蔵野線で三郷駅の先で江戸川を越えて千葉県入りしたが、今度はそのすこし上流、川間駅の先で江戸川を渡って埼玉県に入る。川間駅は千葉県最北端の駅で、その名の通り、江戸川と利根川（茨城県との県境）に挟まれた土地にある。

終着の大宮駅（E）からは宇都宮線。東京・埼玉・栃木の3都県を走るイメージだが、古河駅の周辺は茨城県のため、4都県を通過する（⑥）。大宮から4駅目の尾久駅（F）で降りて眼前に広がる車両センターを観賞する（⑦）。

鉄道と地形や地名との関係が実感できる興奮の旅だった。

師匠から弟子へ

短い路線でも都県境を何度も通過！

今回は都県境を何度も越える路線を探し出すというもの。『JR時刻表』の「さくいん地図」で県境を細目にチェックすると正解が出るが、全長22・6キロの京王相模原線調布〜橋本間で5回も越えるのは意外だったかもしれない。実は明治中期まで多摩エリアは神奈川県で、東京府に移管されなければ都県境を越えることはなかった。東京の外環状線として開業した武蔵野線や、しゃれた愛称がついた東武アーバンパークラインのおもしろさも伝わってくる。

おもしろい運行形態

Vol. 17

相互乗り入れ最長列車

Level：■■□

MISSION

東京メトロの相互乗り入れ運転で一番長い距離の列車を探し出し、その実態を報告せよ！

【弟子が作った旅程】

大手町駅
11：08
↓東京メトロ半蔵門線（中央林間行き／東急田園都市線経由）
11：52
宮崎台駅
『電車とバスの博物館』見学
13：22
↓東急田園都市線（中央林間行き）
13：45
長津田駅
14：03
↓東急こどもの国線
14：11
こどもの国駅
14：33
↓東急こどもの国線
14：40
長津田駅
14：55
↓東急田園都市線（中央林間行き）
15：04
中央林間駅
15：13
↓東急田園都市線（準急南栗橋行き／東京メトロ半蔵門線、東武スカイツリーライン・日光線経由）
17：22
南栗橋駅
17：28
↓東武日光線（新栃木行き）
17：32
栗橋駅
17：49
↓東北本線（宇都宮線）・湘南新宿ライン（逗子行き）
18：53
新宿駅

東京メトロの相互乗り入れ運転で、一番距離が長いのは？　と問われて直感で答えると、西武線〜副都心線〜東急・みなとみらい線を挙げる。西武池袋線飯能駅で元町・中華街行きの列車を見たときの途方に暮れた気持ちを思い出す。鉄道路線は、その走る土地や沿線の施設などによって、多かれ少なかれ個性が出てくると思うが、「飯能発元町・中華街行き」といわれると、各々の路線の個性云々は吹き飛んで、〝遠くまでいく列車〟になる。いま思えば、その曖昧《あいまい》さが途方に暮れた原因だったのかもしれない。

　結論からいうと、西武線〜副都心線〜東急・みなとみらい線（飯能〜元町・中華街）は総営業キロ

電車とバスの博物館

①かつて国道246号を走った路面電車デハ200形。②国産飛行機YS11。日本エアシステムは東急グループの一員だった。③HOゲージが走るパノラマシアターは自動車も動く。細かい。

こどもの国線

①こどもの国駅には、長津田駅へとつながる筆談用FAXがある。②駅からすぐの桜並木は、かつての引き込み線跡。③横浜高速鉄道の車両は2両編成。静かで揺れず乗り心地よし。

80・5キロで、一番ではなかった。むしろ同じ副都心線ならば、東武線〜副都心線〜東急・みなとみらい線（森林公園〜元町・中華街）のほうが88・6キロと長い。そしてこれらのさらに上をいくのが、東急田園都市線〜半蔵門線〜東武スカイツリーライン・日光線（中央林間〜南栗橋）で、総営業キロは98・6キロ。この3線にまたがる約100キロの長大乗り入れ路線に乗ってみることにする。

寄り道しつつ 長大路線を楽しむ

ただ100キロ乗るだけではもったいないので、せっかくの機会を生かして東急田園都市線沿線をすこし探索する。

まずは、宮崎台駅にある『電車とバスの博物館』。入り口には実物の踏切があって気分が上がる。

東急の車両が、地下鉄や東武線内も走る。そのための整備も複雑だ。

中央林間駅は始発であり終点。複雑な分岐のレールが延びていく。ふだんよく見ることもない空間が、妙に色っぽく見える。

中央林間駅
↓ 98.6キロ
南栗橋駅

15：13に東急・中央林間駅を発車した準急は、17：22に東武・南栗橋駅に到着。乗った車両は東京メトロ8000系。

愛《いと》おしい丸みの玉電デハ200形は一度は見ておきたい車両だ。車体ばかりに目がいくが、思いがけず車輪が小さくて驚く。車内にも入ることができて、親子連れでほぼ満席状態だった。館内は鉄道だけでなく、バスやジオラマのシミュレーターが充実している。

次に、長津田駅から出ている盲腸線、東急こどもの国線に乗ってみる。旧弾薬庫跡地に開園した「こどもの国」への路線で、かつての引き込み線を利用している。当初は、こどもの国協会が線路や駅舎を所有していたが、現在は横浜高速鉄道に譲渡したため、列車の運行は東急だが、走る車両は横浜高速鉄道のもの。同じ東急線でも、走る車両は他社のものという、ちょっと変わった路線である。

そして、最後に中央林間駅から南栗橋行きの列車に乗車。

　ところで、かつて新玉川線という路線があったのだが、いつからか聞かなくなった。どうなったのだろう。新玉川線は、かつての路面電車（デハ200形が走っていた玉川線）が廃止された代わりに1977年に開通した路線で、玉川線の地下を走る形で渋谷〜二子玉川園（現・二子玉川）を結んでいた。この当時の田園都市線は、大井町〜二子玉川園〜溝の口〜長津田で、一部は現在の大井町線だ。新玉川線開通当初は、田園都市線と直通運転しておらず、79年になって全面直通、大井町〜二子玉川園は大井町線となり、新玉川線は渋谷から半蔵門線との直通運転も始まる。そして新玉川線が田園都市線に統一されるのが2000年。二子玉川園駅は二子玉川駅と改称される。さらに03年には半蔵門線が押上駅まで延伸して、そこから東武伊勢崎・日光線との相互直通運転が始まった。

　実際に端から端まで乗ってみると、東急田園都市線と半蔵門線は結びつきが強く、押上から先の東武線はどこかそれまでとは空気が違ってくる。地下鉄の半蔵門線内は人の乗り降りが激しく、東急線から東武線への間にあってブレンダーのような役割を果たしているのかもしれない。

　長津田、二子玉川、渋谷、大手町、押上、北千住と、乗客の入れ替わりが激しい駅に着くたび、車内の雰囲気と車窓が少しずつ変化していく。〝遠くまでいく列車〟ならではの、個性のグラデーションがあるのだ。

2015年8月取材

師匠から弟子へ

相互直通運転で約100キロを走破！

　東京メトロの路線の両側に他社線が接続して相互直通運転をすると、予想外の長距離区間を走る列車がある。このミッションでは弟子が「飯能発元町・中華街行き」を最初に思い浮かべたが、取材当時は「中央林間発南栗橋行き」が最長列車であった。ところが、2017年3月25日から土休日に全車指定席の「S－TRAIN」が運転を開始。飯能より先の西武秩父発着で運転、営業キロが113・8キロとなり、最長列車の座を射止めることとなった。

おもしろい運行形態

Vol. 18

JRと私鉄を乗り入れる特急

Level :

MISSION

JRと私鉄を乗り入れる特急列車に乗車し、その実態を報告せよ！

【弟子が作った旅程】

新宿駅
8:57
↓ 湘南新宿ライン・東北本線(宇都宮線)(小金井行き)
9:58
栗橋駅
10:37
↓ 東武日光線(新栃木行き)
11:11
栃木駅
11:45
↓ 特急「スペーシアきぬがわ3号」(鬼怒川温泉行き)
12:16
下今市駅
12:18
↓ 東武日光線(東武日光行き)
12:26
東武日光駅
↓ 徒歩
JR日光駅
↓ 徒歩
日光東照宮
↓ 徒歩
東武日光駅
16:39
↓ 特急「日光8号」(新宿行き／東武日光線、JR東北本線〈宇都宮線〉・湘南新宿ライン経由)
18:36
新宿駅

首都圏の鉄道は、その多くが会社をまたいで乗り入れている。とくに間に地下鉄をはさむと、その距離は長大だ。

今回は、そうした数々の乗り入れ例のうち、「JR線と私鉄線を乗り入れる特急列車」に注目する。結解師匠によれば、小田急線〜JR御殿場線の特急「あさぎり」(29〜32ページで乗車)、伊豆急行線・伊豆箱根鉄道線〜JR東海道線の特急「踊り子」と「スーパービュー踊り子」(伊豆急行線のみ)、東武線〜JR東北本線(宇都宮線)の特急「日光」「きぬがわ」「スペーシアきぬがわ」などがあるという。このうち、今回は東武線〜JR線を体験してみることにした。

選んだ理由は、JR線を走る列

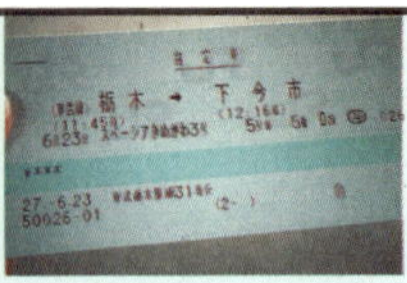

東武線の栃木駅の券売機ではJR直通特急のきっぷは買えない。窓口で買うと2枚綴りだった。

栗橋駅の橋上駅舎からの眺め。左の写真は乗務員交代のための小さなホーム。東武・JRの乗り入れが始まったのは2006年のことだ。

上／下今市～東武日光の2駅間乗った6050系は真っ赤なボックスシートが目を引く。下／東武日光駅は上りと下りホームが離れている。

JR直通特急は「日光」「きぬがわ」だが、スペーシア車両の場合は「スペーシア」がつく。

車が、いったいどこから東武線に乗り入れるのかというミステリー感が強かったからだ。他の路線は時刻表の路線図からおおよその見当はつく。……というのは表向きで、首都圏では誰しも一度は行ったことがあるという日光東照宮に行ってみたかったのだ。東京出身者はたいてい小学生時代に遠足や林間学校で行くという話を、北陸出身者としてはひそかに羨《うらや》ましく聞いていた。日暮《ひぐらし》の門と呼ばれる陽明門を飽かず眺めたり、左甚五郎作の眠り猫や、三猿の彫刻を見ておきたかった。

いざ日光へ（観光気分多め）

時刻表や地図を調べ、JR線と東武線の乗り入れ地点は栗橋駅と予想した。とはいえ、特急列車は栗橋駅には停車しない。行きは東

右／現駅舎は大正元年（1912）に建てられたもの。２階は１等客の特別待合所だった。左／日光駅の開業は明治23年（1890）。団体客用と思われる改札が、いまだ残っている。

東武日光駅とＪＲ日光駅の間の道沿いに、乗り入れ記念のプレートがあった。

みやげ物屋さんの店先の電話ボックス。古いケーブルカーを利用している？

右／今も残る路面電車の架線。左／神橋のたもとに架けられた専用橋の橋台がわずかに残る。

右／三角屋根の東武日光駅。どこか山の上のロッジを思わせる。標高は約540m。左／JR車両の特急「日光８号」。深紅が目に染みる。偶数号車・奇数号車でシート色が違う。

武の特急、帰りはＪＲの特急という計画は断念し、行きもＪＲ線で栗橋駅へ。駅舎から線路を見下ろすと、つながり具合がよく見えた。加えて、両社の乗務員交代のための小さな特設ホームや、流れるのは同じ直流だが相互の電源を区分するためのデッドセクション（架線に電気が流れていない区間）など、二社間の乗り入れならではの設備を見つけることができた。

　これら栗橋駅の乗り入れの妙は帰りの特急「日光８号」（東武日光〜新宿間をＪＲ車両で走る）で堪能するとして、東武の特急車両であるスペーシアにも乗っておきたい。栃木〜下今市間の約30分だけ乗車してみる。この「スペーシアきぬがわ３号」は、浅草ではなくＪＲ新宿駅発、つまりＪＲ線からの特急だ。車両は東武だが車内のワゴンサービスがＮＲＥ（ＪＲ東日本系列）、売り子さんがSuicaペンギンのエプロンを着用といったあたりでJR感が漂う。ものすごく細かいことではあるが。

下今市駅から2駅で東武日光駅に到着し、歩いて3分ほどのJR日光駅を見に行く。この地に駅ができたのはJRの方が先で、のちに東武線が開通すると所要時間・運賃で勝てず駅の利用は激減した。現在は自社の特急列車でさえ東武日光駅に乗り入れ、普通列車しか発着していない。だが、往時の栄華を思わせる凜々《りり》しい駅舎は健在だ。たとえ東武線に乗ってきてもJR日光駅には立ち寄りたい。

駅から東照宮への道には、かつて路面電車が走っていた。ゆるやかではあるが長い坂道で、ここを小さな電車が上っていく風景を思い、胸が熱くなる。

そしてハイライトのはずの東照宮だが、陽明門は工事中で何も見えず、眠り猫と対峙《たいじ》した途端に猛烈な雷雨に襲われ足止めをくらう。仕事を忘れて観光しようと画策した罰が当たったのだろう。また改めて訪れたい。

雨は一度は上がったものの、帰りの特急「日光8号」で栗橋駅あたりから再び豪雨。ちょうど落雷のタイミングでデッドセクションを通過、車内灯が消えて緊張が走る。しかも運転停車（乗務員の交代のみで乗客用のドアは開かない）しているので、ご機嫌で酒盛りをしていたおばさま集団が停電で電車が停まったと思って騒ぎ始める。問題ないことを説明したかったけれど、まだその度胸がなかった。

2015年6月取材

直通運転する特急列車とは？

JRと私鉄の特急列車は利用者の利便性を高めるため、古くから小田急線や伊豆急行線、伊豆箱根鉄道駿豆線、近年では東武鉄道日光・鬼怒川線が直通運転を行っている。弟子はJR線と東武線がどこで直通するのか興味津々で、栗橋駅を詳しくリポートしている。かつて国鉄と東武は日光方面への乗客の争奪戦を繰り広げたが、この戦いは東武に軍配が上がり、JR化後も日光線はローカル線であった。今は呉越同舟でJR新宿発着の特急列車を運転している。

Vol. 19

上野東京ラインを活用する

Level :

MISSION

「上野東京ライン」を利用し、①特急「ひたち」「ときわ」の座席指定システム、②普通列車グリーン席の長距離利用を体験せよ！

【弟子が作った旅程】

品川駅
6：44
↓上野東京ライン・常磐線
特急「ひたち1号」
8：33
日立駅
9：16
↓常磐線（上野行き）
9：39
勝田駅
10：12
↓常磐線（上野行き）
12：21
上野駅
13：01
↓上野東京ライン・東海道線
（小田原行き）
13：44
戸塚駅
14：14
↓東海道線
（快速「アクティー」熱海行き）
15：14
熱海駅
15：17
↓東海道本線（浜松行き）
15：38
沼津駅
16：09
↓東海道本線（熱海行き）
16：28
熱海駅
16：46
↓東海道本線・上野東京ライン
（前橋行き）
18：30
東京駅

上野東京ラインが開業したのは2015年3月。東北本線（宇都宮線）・高崎線と東海道線が相互直通運転を開始、また上野駅発着だった常磐線が品川駅まで乗り入れることになった。

開業に際して、結解師匠から二つの指令が届いた。一つは、一部の列車を除き品川駅発となった常磐線特急「ひたち」「ときわ」の新しいシステムを体験すること。もうひとつは、首都圏エリアの普通列車グリーン席を長距離利用してその様子を報告すること。特急とグリーン車を利用という贅沢に浮足立つ。春の行楽日和、早朝の品川駅から出発。

常磐線の特急には、新たな着席サービスが導入された。基本的に

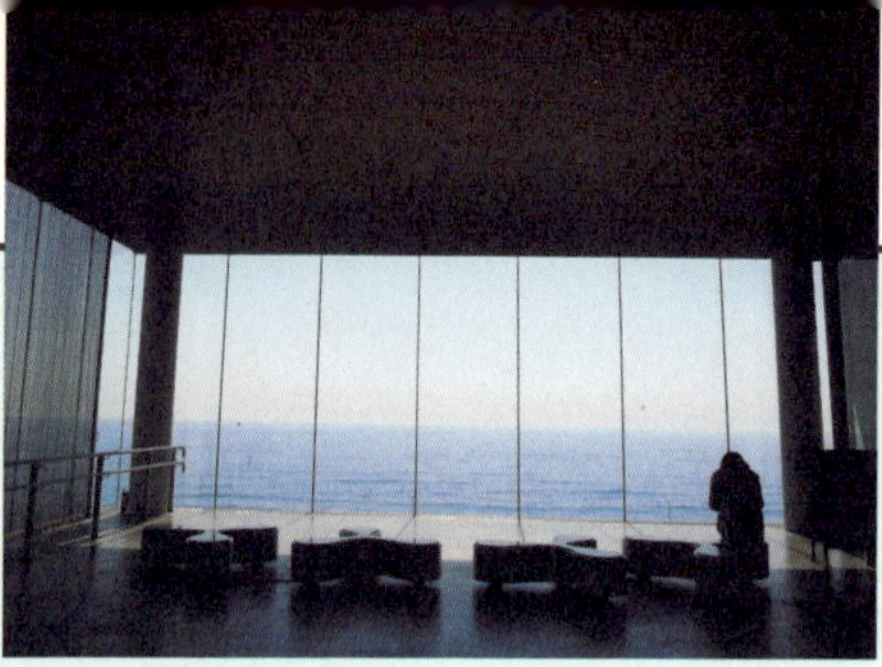

常磐線日立駅。駅とは思えぬしゃれた空間で太平洋を眼下に眺めることができる。贅沢の極み。

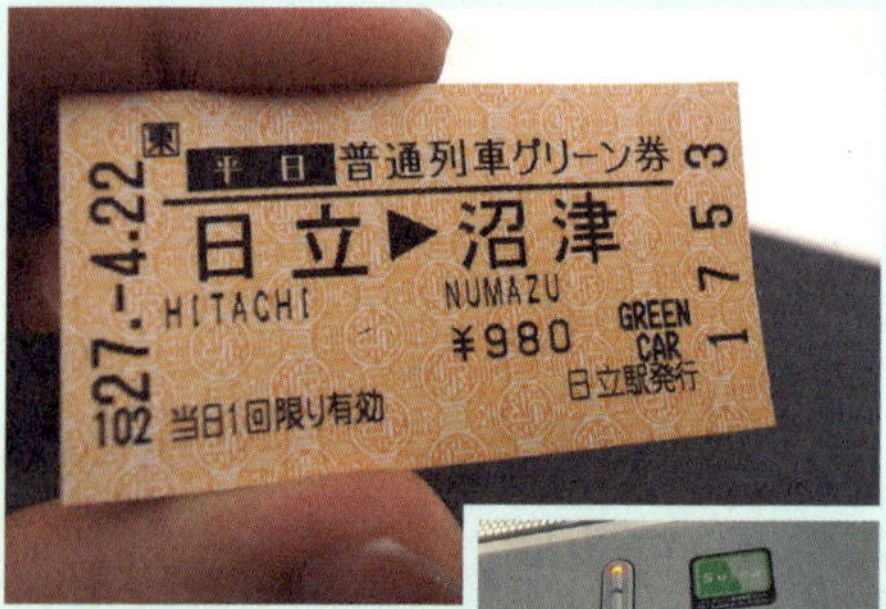

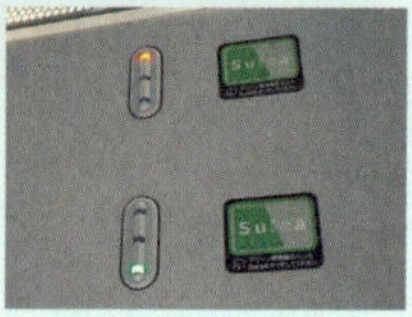

Suicaに入力することもできるが、グリーン券のきっぷを買った。Suicaの場合は、座席上にタッチすると車内改札省略。

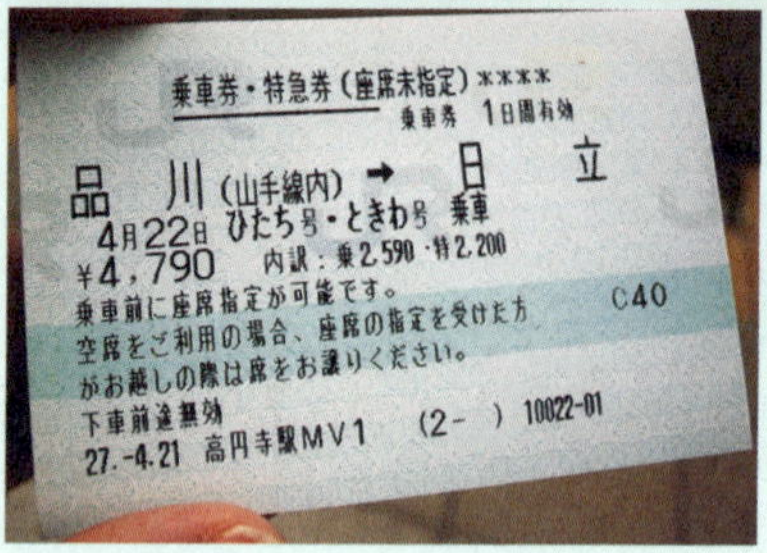

上／特急「ひたち」車内。品川駅を発車時、座席上のランプは自分の席は緑、隣席は黄。隣は上野駅から乗車。降りると赤に変わる。下／日付と区間のみを指定した「座席未指定券」。これを指定席券売機に入れて、座席指定をする。

はすべての座席が指定可能、指定しなくとも車内の空席が利用可能な「座席未指定券」が発売される、というものだ。「座席未指定券」……それは自由席じゃないのか、未指定ならばいつ指定するのか……と哲学的な思索にふける名称だ。これは乗車する日付と区間を指定して、駅の指定席券売機で購入できる。何時に乗車するかわからないときに便利だ。このきっぷを持っていると、そのまま車内の空席を利用できるし、乗車前に座席指定を受けることもできる（同様に指定席券売機にて、差額なし）。

　気になるのが、車内の空席をどうやって見分けるかだ。そこで座席上方に注目。指定席発売済の区間は緑、空席は赤、まもなく指定席発売済の区間になるときは黄と、ランプが点灯している。券売機や駅の窓口などの指定席発券機能が、

途中、勝田駅で降りて、ひたちなか海浜鉄道の気動車を見学。うなりを上げるエンジン音。

グリーン車2階席。ほかにも1階席、すこし低い半地下席がある。バリエーションも楽しい。

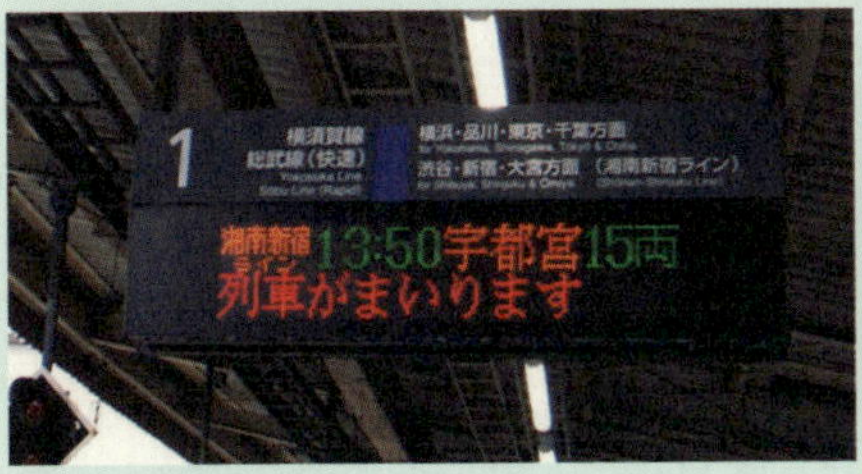

戸塚駅では湘南新宿ラインと上野東京ラインが向かい合わせのホームに停車。宇都宮行きと古河行き、大宮到着はどちらが早いのか？（上野東京ラインの方が10分早く到着）

沼津駅。なんでこんなところまで来てしまったんだろう……と思わなくもなかった。

特急車両と連動しているのだ。乗車して、頭上でキラキラと色が変わるのを見ながら、目に見えないその画期的な技術に感謝する。

今回、前日に「座席未指定券」を購入、当日乗車直前に座席指定をしてみた。朝7時前とはいえ、すでに窓側は満席だったが、品川を出発したときには空席が目立ち、多くの人が乗ってきたのは上野駅。まだ〝常磐線は上野駅から〟が根強いのかもしれない。

茨城県から静岡県まで グリーン車で移動

次にふたつめの指令。首都圏エリアのグリーン車は、一枚のグリーン券でかなりの長距離区間を楽しめる。たとえば、常磐線高萩駅から東海道本線沼津駅まで、平日980円（土休日は780円）プラスするだけで、デラックスかつ眺めのよい席を利用できる。しかも同一方向に乗り継ぐ場合は改札を出なければ一枚のグリーン券でOKなので、まるで上野東京ラインのためにあるといってもいい。

　そこで、日立駅で特急「ひたち」を下車、太平洋を眺めたのち、まずは常磐線普通列車のグリーン車に乗車する。2階席に乗客は誰もいない。気持ちよく晴れた空が近く、穏やかな気持ちになる。上野駅で下車。北へ行くイメージの上野駅で、行き先表示に小田原や熱海がある違和感を楽しむ。お弁当を買い、小田原行きの上野東京ラインに乗車。再び2階席。乗客はまばらで、思い思いのランチを食べている。品川駅の手前、車両基地のすぐ横を走り、寝台特急「サンライズ」の車両を見つけて胸が高鳴る。並行する線路の分岐や艶めかしいカーブ、愚直なまでの直線具合を、いつもより少し上から飽きもせず眺める。普通車と、座席と目線の高さが変わるだけで、まるで違う時間が流れているのだ。熱海の手前、根府川近辺では迫力ある相模灘を見ることができた。

　熱海〜沼津間はグリーン車の連結がない車両編成で（時間帯による）、ロングシートに着席。急に下界に降りてきた気分になる。沼津駅はJR東海管内となるので、Suicaが使えない。でもグリーン券は有効で、そのお得感ににんまりする。

　沼津からもグリーン券980円を買って東京駅まで帰ってきた。快適すぎた。すっかり味をしめてグリーン車愛用者になった。

2015年4月取材

師匠から弟子へ

上野東京ラインで新システムを体験！

上野東京ラインの開業により、常磐線の特急・快速・普通列車の一部が品川駅発着になるとは想像もしなかった。上野駅・品川駅では熱海方面への列車に乗り換えることもでき、湘南新宿ラインとあわせて利便性が向上。ということで、980円（土休日780円）のグリーン料金で乗れる最長の距離を体感。弟子だけでなく誰もが虜《とりこ》になる快適さだ。また、常磐線の特急列車の新システム「座席未指定券」も体験し、哲学的な思索に陥ることなく疑問を解消した。

Vol. 20

さまざまな終着駅・直通列車

Level：🚃🚃🚃

MISSION

下記に該当する列車を探し出し、観光名所への旅に出よ！

交通費 3500円以内　旅の日程 2016年6〜7月の土・日6：30〜17：30

出発駅 東京駅　到着駅 新宿駅

① 気動車使用の列車に始発駅から１往復乗車する。
② 気動車使用の列車の終着駅では１時間の名水散策をする。
③ 13：24〜14：24を昼食・散策時間とする。
④ 14：36発の列車に乗り、路面電車風となる１駅区間を歩く。
⑤ ④で１駅区間を歩いた後は、16：00発の列車で終着駅へ。

気動車、名水散策、路面電車風というキーワードや時刻が具体的なことから、今回は簡単だなと思った。①「気動車使用の列車」を非電化路線とすると近郊ではＪＲ久留里線、いすみ鉄道、小湊鉄道、関東鉄道、水郡線、ひたちなか海浜鉄道など。だが各路線の終点（②）を調べるも名水散策ができそうにない。かろうじて久留里線の途中駅である久留里駅は街に井戸が多くある名水の里らしい。でも途中駅だし、と思う。一方の④「路面電車風」は〝道路上を走る〟と受け取ると、江ノ島電鉄の江ノ島駅～腰越駅間しか思い浮かばない。そもそも今回の予算は３５００円。49～53ページで使った「休日おでかけパス」だと２６７０円、残り

久留里線のダイヤ。木更津から上総亀山へ直通する列車は少なく、久留里止まりが多い。

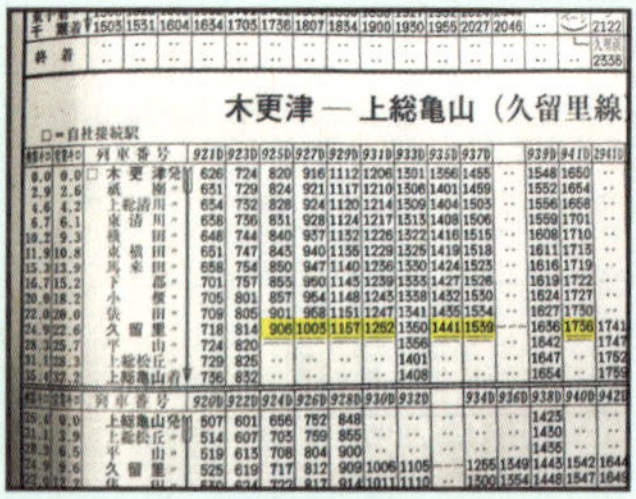

千葉着	1503	1531	1604	1634	1705	1738	1807	1854	1900	1930	1955	2027	2046	··	2122
終着	··	··	··	··	··	··	··	··	··	··	··	··	··	··	久留里 2338

木更津 ― 上総亀山（久留里線）

□＝自社接続駅

		列車番号	921D	923D	925D	927D	929D	931D	933D	935D	937D		939D	941D	2941D
0.0	0.0	□木更津発	626	724	820	916	1112	1206	1301	1356	1455	··	1548	1650	··
2.9	2.6	祇園〃	631	729	824	921	1117	1210	1306	1401	1459	··	1552	1654	··
4.6	4.2	上総清川〃	634	732	828	924	1120	1214	1309	1404	1503	··	1556	1658	··
6.7	6.1	東清川〃	638	736	831	928	1124	1217	1313	1408	1506	··	1559	1701	··
10.2	9.3	横田〃	646	744	840	937	1132	1226	1322	1416	1515	··	1608	1710	··
11.9	10.8	東横田〃	651	747	843	940	1135	1229	1325	1419	1518	··	1611	1715	··
15.3	13.9	馬来田〃	658	754	850	947	1140	1236	1330	1424	1523	··	1616	1719	··
16.7	15.2	下郡〃	701	757	855	950	1143	1239	1333	1427	1526	··	1619	1722	··
20.0	18.2	小櫃〃	705	801	857	954	1148	1243	1338	1432	1530	··	1624	1727	··
22.0	20.0	俵田〃	709	805	901	958	1151	1247	1341	1435	1534	··	1627	1730	··
24.9	22.6	久留里〃	718	814	906	1005	1157	1252	1350	1441	1539	――	1636	1736	1741
28.3	25.7	平山〃	724	820					1356			··	1642		1747
31.1	28.3	上総松丘〃	729	825	··	··	··	··	1401	··	··	··	1647	··	1752
35.4	32.2	上総亀山着	736	832	··	··	··	··	1408	··	··	··	1654	··	1759
		列車番号	920D	922D	924D	926D	928D	930D	932D		934D	936D	938D	940D	942D
35.4	0.0	上総亀山発	507	601	656	752	848	··	··	··	··	··	1425	··	··
31.1	3.9	上総松丘〃	514	607	705	759	855	··	··	··	··	··	1430	··	··
28.3	6.5	平山〃	519	613	708	804	900	··	··	··	··	··	1435	··	··
24.9	9.6	久留里〃	525	619	717	812	909	1006	1105	――	1255	1349	1443	1542	1644

右／いたる所に井戸。それぞれ微妙に形が違うのもおもしろい。左／商店街の入り口には久留里城を頂いた門。絶妙なバランスである。

久留里駅は、こぢんまりとした駅。待合室のベンチはタヌキや久留里城をかたどっている。地元愛。

は830円。ほぼ「休日おでかけパス」の範囲内のはず……。

以上の逡巡《しゅんじゅん》から抜けられず、己の考察を提示した上で師匠にヒントを乞《こ》う。結解師匠曰く「着眼点がよく、考察の中に正解がすべて入っていますね」。褒められているのか、でもなぜ正解を導けないのか。「始発駅から〝その列車（路線ではない）の終着駅〟まで一往復乗車するのです」。

終着駅は、路線の終点とは限らないということ!? 時刻表をみると、久留里線の路線の終点である上総亀山駅ではなく、途中駅の久留里駅止まりの列車が多い。なるほど。頭が固い。弟子に足りないのは応用力だ。

のんびり井戸巡りから殺気立った観光地へ

まずは房総半島へ。久留里線は

江ノ電鎌倉駅の果てしない行列。並ぶか迷っているうちに、どんどん列が伸びる。萎える。

上／江ノ電江ノ島駅手前の路上区間。交通整理する人がいる。下／腰越駅のお知らせ。キャラクターの「〜のん」という語尾が心安まる。

JR藤沢駅のホームにある湘南電車風売店。クハ86023と表示あり。

腰越駅から江ノ電に乗り、藤沢着は16：07ごろ。湘南新宿ラインに間に合った。

内房線の木更津駅から半島中央へ延びる路線で終点の上総亀山駅までは約1時間。多くの列車の「終着駅」である久留里はかつて城下町として栄え、街のあちこちに自噴井戸があり「平成の名水百選」に選ばれている。一部の井戸は開放されていて車で水を汲《く》みにくる人も多い。駅近くに酒蔵が2軒あるほか、そば、かき氷、豆腐といった名水の里ならではの店が点在している。

　井戸巡りの1時間はあっという間に過ぎ、再び久留里線で木更津駅に戻る。次は三浦半島へ。逗子行きの列車で約2時間30分、乗り換えなし。途中、東京駅で乗客がほぼ総入れ替えとなり、一駅ごとに人が増えていく。6月の週末、アジサイの季節でもあり、鎌倉は恐ろしい混雑ぶりだった。

　店はどこも満席で、昼食は駅ビ

2016年6月取材

【今回の旅程】

東京駅
6:51
↓京葉線・内房線(君津行き)
8:17
木更津駅
8:20
↓久留里線(久留里行き)
9:06
久留里駅☆名水散策
10:06
↓久留里線(木更津行き)
10:49
木更津駅
10:57
↓内房線・総武線快速・横須賀線(逗子行き)
13:24
鎌倉駅☆昼食
14:36
↓江ノ島電鉄
14:56
腰越駅
↓徒歩
江ノ島駅
16:00
↓江ノ島電鉄
16:10
藤沢駅
16:29
↓東海道線・湘南新宿ライン
17:23
新宿駅

(鎌倉駅→江ノ島駅:湘南モノレールで経路変更)

休日おでかけパス…2670円
江ノ電1日乗車券「のりおりくん」…600円
(湘南モノレール…310円)

交通費　合計3270円(実際は3580円)

ルのチェーン寿司店で手早くすませる。散策なぞする余地はなく、江ノ電のりばに行ってみると、人気アトラクションかと見まがう行列。ダイヤはないに等しく、来た列車に乗る流れだが、まずホームに行き着けない。こんな先が見えない列に並ぶのは無駄と判断し、JR線で大船へ戻り、湘南モノレールで江の島へ向かう行程に急遽《きゅうきょ》変更した。

殺気立った喧噪《けんそう》から逃れて、眺め抜群のモノレールで気持ちを沈める。師匠のミッションとは逆になるが、江ノ島から腰越へ向けて、一駅歩いた。1日乗車券を買ってしまっていたので、腰越駅からは、心を無にしてぎゅうぎゅうの江ノ電に乗車。結果的には当初の予定とほぼ違わない時間に藤沢に到着した。最終的には、なかなかな応用力を発揮できたように思う。

師匠から弟子へ

路面電車のような人気路線に乗車する

「気動車」使用の列車から首都圏の非電化路線、さらに「名水」がある終着駅、「路面電車風となる一駅間」を探すのだが、交通費総額からこの2つが千葉県と神奈川県にあると気づくには時間がかかるだろう。弟子はワイドなエリアが乗車できる「休日おでかけパス」をフル活用すること、路面電車風は江ノ電であることを素早く察知。名水の里が一番の難問であったようだ。弟子も驚いていたが、観光シーズンの江ノ電に乗るのは至難の業とも言えるようだ。

おもしろい運行形態

Vol. 21

なぜか列車が通過する駅

Level：🚃🚃🚃

MISSION

時刻表を見て①②の駅を探し出し、その実態を報告せよ！

① 全車指定席の特急列車が停車するのに、快速急行など全車自由席の優等列車２種別が通過する駅はどこ？

② 各駅停車の一部が２駅連続で通過する駅はどことどこ？

今回のミッションは、時刻表に真摯に取り組んでこそ回答が得られるものだ。初心に帰れという師匠の声が聞こえる。

まず①。関東近郊、私鉄で「全車指定席の特急列車」があるのは、小田急、西武、東武、京成の4社だ（2017年当時）。『東京時刻表』には巻頭部分に「私鉄特急（座席指定）」のページがあるので、まずここを開く。次にミッションにある「快速急行など全車自由席の優等列車2種別」に注目。「快速急行」があるのは小田急だ。この例は、師匠のサービスなのか、落とし穴なのか。まずは小田急の特急時刻表を見て特急停車駅を書き出したのち、小田急の各停・急行などのページで停車駅をつきあわ

車体に貼られたマークは田園都市線、東横線、目黒線、池上線と接続する便利な路線、の意。

新百合ヶ丘 着	931	939	947	942	955	949
新百合ヶ丘 発	932	940	953	943	1002	949
百合ヶ丘 〃	レ	レ	955	レ	1004	レ
読売ランド 〃	レ	レ	956	レ	1006	レ
生田 〃	レ	レ	958	レ	1008	レ
向ヶ丘遊園 〃	939	レ	1004	948	1010	レ
登戸 〃	942	947	1008	950	1013	レ
和泉多摩川 〃	レ	多摩	1009	レ	1014	快速
狛江 〃	急行	急行	1011	急行	1016	急行
喜多見 〃	レ	レ	1012	レ	1018	レ
成城学園前 〃	946	951	1014	954	1021	レ
祖師谷大蔵 〃	レ	レ	1016	レ	1023	レ
千歳船橋 〃	レ	レ	1018	レ	1025	レ

九品仏 〃	レ	846	848	854	レ	858
尾山台 〃	レ	847	849	856	レ	859
等々力 〃	レ	848	851	857	レ	900
上野毛 〃	レ	850	852	859	レ	902
二子玉川 〃	845	853	855	901	857	905
二子新地 〃	レ	レ	レ	レ	レ	レ
高津 〃	レ	レ	レ	レ	レ	レ
溝の口着	848	856	858	904	900	908
長津田着	‥	‥	‥	‥	‥	‥
次ページ						
列車番号	107091	108091	109091	124093	110091	101101
大井町発	944	947	951	955	958	1004

上／小田急線の時刻表ページ。向ヶ丘遊園には、各停と急行は停車するが、多摩急行と快速急行は通過している。下／東急大井町線のページ。ほとんどの列車が2駅を通過。

高津駅

①間の2本の線路は、通過列車用。②高津は岡本太郎生誕の地。何かが湧き起こってきそうな画。③駅の表示板がミステリー。2、3番線はどこに？

二子新地はかつて歓楽街（三業地）だった。新地とは、歓楽街のこと。街灯に歴史あり。

せる。導き出されたのは、向ヶ丘遊園駅。（各停と）急行は停車するが、多摩急行と快速急行は停車しない。あっさり判明したが、念のため、西武、東武、京成でも調べてみた。

次に②。私鉄の時刻表をちまちま見ていくのか……とげんなりするも、①で見ていた小田急のページの前が東急、しかも多摩川線、池上線、大井町線と短い路線が掲載されていて、大井町線の一部に二子新地、高津と二駅連続の「レ」（通過の印）が！　天恵！　なんだかうまくいきすぎている気もしたが、今回は正解と思った。

3つの駅を　じっくり堪能する

大井町駅から東急大井町線に乗る。この路線には3種の列車が走っていて、それぞれ行き先表示の

向ヶ丘遊園駅

①向ヶ丘遊園駅北口駅舎。よく見ると、装飾も凝っている。②南口駅前のモノレール駅跡付近。③日中はロマンスカーも通過する。ホームに停車の証拠。

新宿駅に入線してきたロマンスカーLSE。新型もよいが、圧倒的に存在感が違う。

【列車の見分け方】

各停にも2種類ある。青は停車、緑は通過。覚えたい鉄道知識。

色が違う。二子新地・高津駅に停車する各駅停車は青、通過する各駅停車は緑、急行は赤だ。

　各駅停車のはずなのに、なぜ二駅を通過するのか。大井町線は、大井町駅〜二子玉川駅を結ぶ路線だが、田園都市線（渋谷〜中央林間）の溝の口駅（一部、鷺沼駅）まで乗り入れている。つまり、二子玉川駅以降の二駅、二子新地・高津駅は、大井町線ではなく田園都市線の駅。だから通過しても大井町線的には各駅停車、というわけだ。この二子玉川〜溝の口間は現在の田園都市線内でいちばん歴史が古く、一時期は大井町線に編入、のちに田園都市線となる。開業時の田園都市線は、大井町〜二子玉川〜溝の口を結んでいた。「青い各停」と「緑の各停」は、こうした二つの路線の歴史を体現しているといえる。

二子新地駅と高津駅は、駅の構造が似ていて、列車が停車するのは1・4番線。間の2・3番線は通過列車のみとなる。とはいえ、実際にはホームがないので、駅の表示が不思議な感じだ。

次に向かうのは、小田急線向ケ丘遊園駅。朝・夜の時間帯のロマンスカーの一部が停車する駅だが、多摩急行と快速急行は通過する（急行は停車）。

南口には、かつて向ケ丘遊園が営業していた当時、駅と遊園地を結ぶモノレールが運行していた。駅前の自転車置き場のあたりに、モノレールの駅があったという。いざその場に立ってみると、2000年まで走っていたというのに、なぜ乗っておかなかったのかと後悔した。北口の駅舎は、将棋の駒のような形のギャンブレル屋根で、見応えがある。どこか北海道の牧舎を思わせて、遠くへ行きたくなった。

【今回の旅程】

新宿駅
13：06
↓埼京線・りんかい線
13：23
大井町駅
13：42
↓東急大井町線
14：09
溝の口駅
14：22
↓東急田園都市線
14：25
二子新地駅
14：47
↓東急田園都市線
14：49
高津駅
15：19
↓東急田園都市線
15：21
溝の口駅
↓徒歩
武蔵溝ノ口駅
15：44
↓南武線
15：52
登戸駅
15：59
↓小田急小田原線
16：00
向ヶ丘遊園駅
16：34
↓小田急小田原線
16：57
新宿駅

2017年1月取材

師匠から弟子へ

各駅停車なのに通過する駅とは？

特急ロマンスカーが停車するのに、通勤タイプの車両を使用した快速急行や多摩急行が通過する小田急線の向ヶ丘遊園駅も、残念ながら2018年3月改正で停車する特急ロマンスカーが消滅。一方、各駅停車なのに大半の列車が通過する東急大井町線（駅の所属は東急田園都市線）の二駅は健在だが、溝の口駅まで乗り入れるようになった大井町線の線路にホームがない歴史を弟子が探求。「青い各停」「緑の各停」という区分もカップ麺風でおもしろいものだ。

Vol. 22

12時間半の大回りに挑戦

Level：

MISSION

神田駅から隣接する最短駅までの普通乗車券を購入し、1都6県を巡る「大回り」の旅に出よ！

神田駅
7：31
↓京浜東北線
7：36
上野駅
7：49
↓常磐線
9：46
友部駅
9：54
↓水戸線
10：32
下館駅
11：01
↓水戸線
11：23
小山駅
11：31
両毛線
13：20
高崎駅
13：32
↓高崎線
14：04
籠原駅
14：13
↓湘南新宿ライン
15：28
新宿駅
15：43
↓中央線青梅特快
16：06
立川駅
16：08
↓中央線
16：19
八王子駅
16：29
横浜線快速
16：40
橋本駅
16：50
↓相模線
17：50
茅ケ崎駅
18：02
↓東海道線
18：28
横浜駅
18：32
↓京浜東北線
18：42
鶴見駅
18：50
↓鶴見線
19：03
浜川崎駅
19：17
↓南武支線
19：24
尻手駅
19：26
↓南武線
19：28
川崎駅
19：33
↓東海道線
19：50
東京駅

※神田～東京間の130円（取材当時。現在は140円）区間を大回り。
※「SLもおか」に遭遇するため土休日ダイヤを選択。

大回り――。鉄道ファン、主に「乗り鉄」の間ではポピュラーな娯楽がある。たとえば神田駅から東京駅まで山手線で一駅2分、130円（取材当時）。でも神田から上野・池袋方面に反対回りで約60分乗っても同額だ。もっと大がかりに関東近郊1都6県をぐるりと回り、「経路や駅が重複せず一筆書きで」「途中下車しない」という条件を満たせば130円でOKという鉄道の特例があり、それを利用した物好きの極みの遊びである。

　鉄道愛好家を自称するのであれば、一度は完遂しておきたい。「大回り？　もちろん経験済みです」と胸を張れる、正統派への踏み絵だ。当初、師匠からの指令には行程と共に「ただ乗るのも疲れるだ

①130円の切符を買って、気合を入れる。休日早朝の神田駅は人も少なかった。

神田駅を出発、12路線を乗り継ぎ、千葉、茨城、栃木、群馬、埼玉、神奈川を回る。途中下車なし、12時間半、130円の旅。

けなので、エキナカを巡って美味旅行をしてきてください」とあった。でも踏み絵は厳格にいきたい。「師匠、グルメはどうでもいいです。ひたすら乗りまくる限界に挑戦するような行程を立ててください」と迫って、再度もらった行程が冒頭のものである。総行程12時間半。生意気にも師匠にダメ出しをした手前、なんとしてもやり遂げなくてはならない。

結論から言うと、とても険しい修行であった。己を律し、励まし、奮い立たせた一日だった。

帰巣本能との闘いに打ち勝つ

朝7時31分、神田駅を出発。まずは序盤、常磐線〜水戸線で的外れなネガティブ思考に陥る。決行日は土曜日、秋晴れ、車窓は紅葉が流れていく。にぎわう家族連れ、

下館駅 ②

小山駅 ③

立川駅 ④

八王子駅 ⑤

橋本駅 ⑥

鶴見駅 ⑦

浜川崎駅 ⑧

尻手駅 ⑨

GOAL

東京駅 ⑩

②真岡鐵道の「SLもおか」は、土・日・祝に運転。到着4分後に発車だったため、JRホームから猛ダッシュ。乗らないのに。
③新幹線停車駅でもあり、水戸線から両毛線のホームまでがとても遠い。引き戸みたいなドアを開けて車内へ入る。
④高尾駅から先の中央本線でしか見たことがなかった列車が止まっていて驚く。遠くへ連れて行かれる感じ。
⑤横浜線（桜木町行き）。乗り慣れない路線なため、南下するのはわかるが経路がわからない。けっこうな混雑。
⑥相模線（茅ケ崎行き）。車内はなぜか梅仁丹の香りがした。刺激されて梅干しおにぎりが食べたくなった。
⑦同じJRでも鶴見線の改札を通らねばならない。「大回りをしています」と切符を見せる。駅員さん「どうぞー」。
⑧鶴見線から南武支線への乗り換えは、道路を渡る。南武支線のホームは照明が最低限で、夜はぐっとくる風景。
⑨漢字表記とひらがな表記（しって）のギャップがたまらない。南武支線〜南武線〜川崎駅は個人的に大好き。
⑩大回りをしてきたことを告げると、駅員さんは「あーなるほどー」とニヤリとした。無効印を押してもらった。

見つめ合う恋人たち。わたくしは40を過ぎ、130円の初乗り運賃のきっぷを握りしめ、いったい何をしているのか。特急に乗って温泉へ行くお金もないのか。普通列車の旅は慣れているはずが、〝取り立てて目的地がない〟ことがつらい。気持ちの先行きが見えない。

だが、下館駅で真岡鐵道の「SLもおか」の出発を見送ることができて、若干の〝目的地〟を達成した感があり、気分は上向く。開始から3時間が経ったころだ。

ところが次の小山からの両毛線が2時間と長い。しかも遅延している。高崎駅での乗り換え時間は10分もない。師匠はここで「復古だるま弁当」をオススメしてくれていたが、そんな時間はない。今後も何かを食べられる時間はなさそうだ。ここにきて、当初の師匠の提案にあった「エキナカを巡る美味旅行」がにわかに思い出される。……後悔はしていない。

新宿駅。開始から8時間。ここから10分で我が家の最寄り駅だ。帰りたい。売店でマカダミアチョコを買いポケットにしのばせ、中央線の車内で立って食べる。わびしい。今さらながら、乗り換えに気をとられてほとんど写真を撮っていないことに気づき、立川駅で慌てて１１５系の写真を撮る。車窓には神々しい夕暮れ。泣きたい。いや実はすこし泣いた。

橋本駅到着は17時前。何もかも放りだして京王線で新宿へ向かいたい。新宿駅がこれほど魅力的だったとは。「大回りの途中に、自宅近辺の駅を通ってはいけない」を教訓とする。ぐっとこらえ、京王線は本日運休と思い込んだ。

茅ケ崎駅では東海道線で東京駅へ直行したい衝動に駆られるが、その日横浜〜東京間は品川駅の工事のため東海道線が運休。どちらにしろ、横浜駅で京浜東北線に乗り換えねばならない。神の見えざる手。その後は諦めがついて、心揺れることなく大好きな夜の鶴見線を楽しみ、浜川崎駅の闇を堪能した。東京駅が近づくにつれ心臓がどきどきしてくる。

20時すこし前、東京駅到着。柱の駅名表示を思わず指でなぞった。

ちなみに師匠の行程は、乗り換え時間が平均10分と無駄がない。コツはまず一筆書きになるようにルートを考える→列車本数が少ない路線の乗り継ぎに注目して旅程を組む、と教えてもらったが、次は自分で……できるだろうか……。

２０１３年11月取材

師匠から弟子へ

一度は挑戦したい「大回り」の列車旅

乗り鉄なら一度は挑戦してみたいのが、東京や大阪などの近郊区間を「大回り」乗車する列車旅だ。隣接する最短駅までの普通乗車券（現在、電車特定区間は東京が１４０円・大阪が１２０円）で、どれだけ長い距離を乗り通すかというもの。同じ駅を通過しない「一筆書き」が条件で、さらに途中駅では改札から出ることはできないが、駅構内（エキナカ）で販売する駅弁・おみやげなどは買うことができる。過酷なルートだったが、弟子は見事に成し遂げた。

近いのに長い旅

Vol. 23

東京メトロ全9路線を制覇

Level：

MISSION

1日乗車券を使って、東京メトロ全9路線に乗車し、探索せよ！

渋谷駅
↓銀座線
上野駅＊1
↓日比谷線
北千住駅
↓千代田線
綾瀬駅
↓千代田線＊2
北綾瀬駅
↓千代田線
大手町駅
↓東西線
葛西駅＊3
↓東西線
大手町駅
半蔵門線
九段下駅
↓半蔵門線
永田町駅・
赤坂見附駅
↓丸ノ内線
中野坂上駅
↓方南町支線
方南町駅＊4
↓方南町支線
中野坂上駅
↓丸ノ内線
国会議事堂前駅・
溜池山王駅
南北線
王子駅＊5
↓南北線
後楽園駅
↓丸ノ内線＊6
池袋駅
↓有楽町線
小竹向原駅
↓副都心線
渋谷駅

＊1 銀座線に踏切がある？
＊2 綾瀬〜北綾瀬間は区間専用車両が走る盲腸線。
＊3 地下鉄博物館を見学。
＊4 中野富士見町〜方南町間に丸ノ内線の地上車庫あり。
＊5 王子駅前で都電荒川線を見ながら飛鳥山公園散策。
＊6 後楽園駅〜茗荷谷駅は東京地下鉄で初の地上区間。

結

解師匠曰く「東京メトロのあれこれを、1日乗車券を使って探索するのが、今回のミッションです」。さらに続けて「地下鉄をどこから入れるのか考えると夜も眠れない、といったことを事前学習した上で、乗りまくってください」。

師匠と弟子はたぶん20歳ほどの年齢差があるが、地下鉄漫才は難なく共有できる。地下鉄のない土地で生まれ育った弟子でも、三球師匠の悩みはよく理解できた。上京してもうすぐ30年、ようやく長年の謎を解明するときがきた。

旅程表の出発駅は銀座線・渋谷駅。地下鉄なのに東急百貨店東横店の3階にホームがあって、ビルから飛び出る銀座線の眺めはいつ見ても爽快だ。すぐに地下へ潜っ

銀座線は線路に並行する第三のレールから電気を供給している。高圧電流が流れて危険なため柵がある。

銀座線上野駅から京成上野駅へ通じる地下通路。銀座線の線路の真上につくられている。カーブが美。

千代田線北千住駅で遭遇した、小田急特急ロマンスカー「メトロはこね」号。ロマンスカーが地下に！

て上野駅まで。下車して銀座線上野車両基地を見に行く（1番出口からが近い）。ここは車庫が地下と地上に分かれていて、その行き来の際に車道を通るため、踏切がある。日本唯一の地下鉄の踏切だ。まさに「地下鉄の車両が地下へ入るところ」。踏切の前に立つと一方に留置線、一方にゆるやかに地下へと潜る線路の先にトンネルが見えて、ドラマチックな眺めだ。三球師匠、ここですよ！　柵の向こうに見える居並ぶ車両たちが予想以上に格好良く、満ち足りた気持ちになった。

地下鉄が地下に入るところをこの目で確認したが、実際に乗車しているときは、地下鉄が地上へ出るときがとても良い。一斉に車内に光が満ちて、乗客の顔が華やぐ瞬間が好きだ。上野から日比谷線で北千住駅、そこで千代田線へと

1日乗車券を提示すると地下鉄博物館オリジナルクリアファイルがもらえる。銀座線デザイン扇子500円。

右／綾瀬車両基地は東京メトロの車庫ではあるが、千代田線に乗り入れている小田急線の車両もある。ロマンスカーも見えて得した気分。
左／綾瀬〜北綾瀬間は3両編成。綾瀬駅0番線ホームから発車する。

飛鳥山公園の横の坂を颯爽と下る都電荒川線。夕暮れ時の路面電車は、どこかせつない。

丸ノ内線の車両には車体上部にパンタグラフがないため、架線がなく、とてもすっきりした眺め。

乗り換えると、日比谷線は地上駅、千代田線は地下駅のため、地上へ出る瞬間が2回楽しめる。日比谷線では南千住手前、地上へと向かう急な坂、千代田線では北千住を出発してすぐ地上に出て荒川を渡り、偉容を誇る東京拘置所が見えてくるあたり、マニア（わたしだ）垂涎《すいぜん》の眺めである。

車両基地の魅力に開眼する

北千住から一駅で綾瀬駅。支線に乗り換えて北綾瀬駅へ。たった一駅に専用車両が走る贅沢な区間で、北綾瀬駅の先には綾瀬車両基地がある（というより、車両基地への引き込み線上に駅がつくられた）。再びの車両基地だが、今回は見学にうってつけの歩道橋があって、行き交う列車を見下ろすことができる。低速で走る車両の音に耳をすまし、時を忘れる。

我に返り、千代田線で大手町駅、東西線に乗り換え葛西駅へ（しつこいようだが、西葛西駅手前で地上に出てすぐ、荒川を渡る鉄橋がすごく良い）。駅隣の地下鉄博物館に立ち寄る。

そして、東西線、半蔵門線、丸ノ内線を乗り継いで、方南町駅。東京メトロの終点は、たいてい他路線と接続しているが、北綾瀬駅と方南町駅は単独の終点駅だ。孤高の存在といえる。そしてここにも車両基地。そしてここにも歩道橋。今回は見下ろす立地ではないが、方南通りにかかる歩道橋から、パンタグラフのないつるりとした丸ノ内線と銀座線の車両たちを眺めることができる。

思いがけず、車両基地巡りになっている。鉄道車両が列をなす眺めは、なぜこんなにも美しいのだろうか。すっかり心を打ち抜かれながら、丸ノ内線、南北線で王子駅。ここは地下に南北線、上に都電荒川線、高架に京浜東北線、さらに上を東北・上越新幹線、おまけに飛鳥山公園のアスカルゴと、立派な鉄道スポットである。同時に写真に収めるのは不可能だが、ひとつひとつを確認する。

日が傾きかけてきた。あとは駆け足になってしまうが、南北線、丸ノ内線で池袋駅、有楽町線、副都心線で渋谷駅へと帰還。メトロ9路線制覇の旅は、渋谷に始まり、渋谷で終わった。師匠が立てた行程は、川の流れのように美しい。東京の地下には、ラビリンスが広がっている。

2013年8月取材

師匠から弟子へ

1日乗車券で東京メトロを制覇！

東京都区内および埼玉・千葉の一部を走る東京メトロは9路線もある。銀座線・丸ノ内線以外はJR線や私鉄線などと相互直通運転を行っており、各社の多彩な車両に乗れるのも魅力のひとつだ。なお、1日乗車券は「東京メトロ24時間券」（大人600円・子供300円）となり、日付ではなく使用開始から24時間有効という利便性がプラスされた。今回の鉄ちゃんの見どころを巡る旅も600円ポッキリで、途中下車して街中散歩も自由に楽しめる。

近いのに長い旅

Vol. 24

都営交通を観光する

Level :

MISSION

「都営まるごときっぷ」を使い、4種の都営交通を探索せよ！

【弟子が作った旅程】

新宿駅
↓地下鉄大江戸線
六本木駅
↓地下鉄大江戸線
大門駅
↓地下鉄浅草線
三田駅
↓地下鉄三田線
西巣鴨駅
↓徒歩
新庚申塚停留場
↓都電荒川線
王子駅前停留場
↓徒歩
飛鳥山停留場
↓都電荒川線
小台停留場
↓徒歩
熊野前駅
↓日暮里・舎人ライナー
西日暮里駅
↓都バス草63系統
浅草一丁目バス停
↓徒歩
浅草駅
↓地下鉄浅草線
東日本橋駅
↓徒歩
馬喰横山駅
↓地下鉄新宿線
新宿駅

東京メトロの地下鉄をじっくり回った次は、都営交通だ。都電、都バス、都営地下鉄、日暮里・舎人ライナーが1日乗り降り自由になる「都営まるごときっぷ」は、大人700円。使うからには、これら4つの乗り物（地下鉄は4路線）すべてを制覇したい。要所要所で鉄スポットを押さえつつ、あわよくば観光もしたい。鉄道とバスの路線図をじっくり見比べ、きっぷ名のとおり都営交通をまるごと楽しむ行程をたてた。

都営大江戸線新宿駅から出発。至近距離に「新宿駅」と「新宿西口駅」があるので要注意だ。環状ではなく〝6の字〟で運行されているので、新宿では行き先によって選ぶ駅が変わってくる。まずは

飛鳥山公園は都電、新幹線、在来線が一望できる屈指の鉄道ビュースポット。アスカルゴも忘れずに。

①ホームから続く階段には段数が表示。もちろんエスカレーターもある。②ホームは2層構造。2番線は1番線の約10m上にある。③都営六本木駅から六本木ヒルズへは道路を渡らねばならないが日比谷線構内を通行できる通過証がある。

右／小台停留場にある、都電専用信号（左）。電車が近づくと「↑」が点灯する。「都電専用」の看板がなく、自動車用信号の横に付いていることもある。左／熊野前停留場にて。個人的には、この鮮やかな黄色と真っ赤なラインが都電キング。

六本木駅へ。1番線は日本で一番深いところにあるホームで、マイナス42・3m。階段だと166段、仰ぎ見るようなエスカレーターを3回乗り継いでやっと地上に出る。地上からの深さを書いたプレートが壁に貼ってあったりする控えめな主張が微笑《ほほえ》ましい。

余談だが、大江戸線開通時、「ゆめもぐら」という愛称案があったと記憶するが、その言語感覚は別として忘れられない力を持つ言葉だ。大江戸線に乗ると思い出す。

地下から地上へ 都電を心ゆくまで堪能

次に大江戸線、浅草線、三田線と乗り継いで西巣鴨駅。そこからすこし歩いて都電の新庚申塚停留場へ。同じ都営だからなのか、駅から停留場までの道案内がとても親切である。

日暮里・舎人ライナーは全線高架を走る。地下、地上、高架と、都営交通のバリエーションは豊富だ。

熊野前停留場付近にあった道路標示。青い矢印が一般車両通行可な道だが、瞬時に判断できそうにない。

地下鉄新宿線の新宿駅は、京王新線とつながっているため、駅名表示板が〝京王色〟。

西日暮里駅前から都バス「草63」に乗る。車窓が車メインになるところが、都電との違い。

時間に余裕があったので、熊野前から終点三ノ輪橋まで往復。三ノ輪は都電がよく似合う。

地下鉄と比べると、都電の車内は人の密度も年齢層も高い。街の風景とも近く、まるで自分が運転しているような臨場感がある。乗客の話し声、発車時のチンチン、武骨なモーター音、すべてが良い具合にブレンドされて耳に入ってくる。そして適度な振動。冬の日を浴びて全身マッサージを受けているような心地になる……眠い。

　だが寝落ちする間もなく、飛鳥山停留場へ到着。都電は専用軌道をはずれ、大きくカーブして車道へ出る。ここからがじつにダイナミック。まずは、よく車両が折れないなと思うほどの左カーブ、自動車に紛れながら急勾配(66‰《パーミル》)を流れ落ち、右へ回り込んで王子駅前停留場。その間2分。急流をゆくラフティングのようなスピード感にやみつきになる。アトラクション感覚で、一度戻って2回体験した。それまで専用軌道でのんびり走ってきたが、車道との併用軌道になると、にわかにきりりと引き締まった顔を見せる。その見せ場には応えたい。

王子駅前からは、再び専用軌道。だが小台〜熊野前間は、道路の中央に線路があり、そこには自動車が進入できないように低い柵がある（センターリザベーション方式）。併用軌道ほどの緊張感はなく、心安らかに乗っていられる。

熊野前で、日暮里・舎人ライナーに乗り換える。地下鉄、都電ときて、高架を走る路線だ。眺めがどんどん空へ近づく。加えて、駅も運転も無人なため、都電から乗り換えると急にひと気がなくなる。どことなく不安になって、思いもしない世界に連れていかれるような気がしてきた。

西日暮里で下車、駅前から都バスに乗って浅草へ。ここまででも十分楽しんでいるが王道の観光地を味わっておきたい。人形焼きを買い、地下鉄新宿線に乗りたいがために若干遠回りをして新宿へ。

ところで、都営地下鉄は4路線で車両規格がすべて異なる。乗り入れ路線によって線路幅が違い、新宿線（1342㎜）、三田線（1067㎜）、浅草線・大江戸線（1435㎜）と三種類。そして大江戸線はリニアモーター形式だ。都営交通は運行形態も車窓も、それぞれ変化があって飽きない。

ちなみに、今回の行程を「都営まるごときっぷ」を使わずに支払うと、合計1530円。2倍超のお得。満足度200%。

2016年1月取材

師匠から弟子へ

都営交通で東京観光を楽しむ

今回は、都営地下鉄や都電、都バス（深夜バスを除く）、新交通の日暮里・舎人ライナーの4種類の乗り物が1日間乗り放題となる「都営まるごときっぷ」を使用するミッション。弟子は地下深く走る大江戸線や、路面区間を走る都電荒川線、新交通システムの乗り心地を満喫し、東京の見どころ観光も楽しめたという。今回は都バスの利用が1回だけであったが、この手のきっぷは乗れば乗るほどおトク度がアップするので、次回は都バスも乗り倒してほしい。

Vol. 25

地下鉄を一筆書きで巡る

Level：

MISSION

①〜⑧の駅名しりとりにチャレンジし、条件にもとづき大江戸線新江古田駅から丸ノ内線霞ケ関駅までの一筆書きの旅に出よ！

① 新江古田（しんえごた）
② 南北線の駅（た〇〇）
③ 銀座線の駅（〇〇〇）
④ 千代田線の駅（〇〇か）
⑤ 大江戸線の駅（かちどき）
⑥ 半蔵門線の駅（き〇〇）
⑦ 大江戸線の駅（〇〇か）
⑧ 霞ケ関（かすみがせき）

※駅名の〇の数は実際とは異なる。

条件

・同じ路線の同じ駅間を2度通過せずに回ること。
・「都営地下鉄・東京メトロ一日乗車券」（1000円）を使用。

まずは、駅名しりとりだ。時刻表の地下鉄路線図を見ながら、駅名を音読しつつ考える。①「しんえごた」に始まり、②南北線「ためいけさんのう」→③銀座線「うえの」→④千代田線「のぎざか」→⑤大江戸線「かちどき」→⑥半蔵門線「きんしちょう」→⑦大江戸線「うしごめかぐらざか」→⑧霞ケ関。ここまでは順調。

次に一筆書き。時刻表の路線図をコピーして赤えんぴつを片手に考えていく。駅から駅の移動はふだん、早さや運賃の安さを優先するが、今回は効率よりも「同じ路線の同じ駅間を二度通過しない」ことがミッションだ。

たとえば、②溜池山王駅から③上野駅まで銀座線なら1本だが、

START

南北線市ケ谷駅には南北線の工事のときに発掘された遺跡が紹介されている。

銀座線溜池山王駅は、南北線が開業したときにできた駅。銀座線内で最も新しい。

銀座線浅草駅。案内アナウンスをしている駅員さんが乗っている台がいい。

銀座線上野駅。ホームドアに描かれたパンダ。笹が入ると急に絵に品が出てくる。

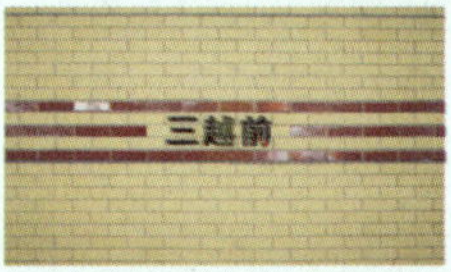

銀座線三越前駅。タイルを生かした意匠が美しい。いつまで残るだろう……。

気のせいかもしれないが、千代田線の駅は他の路線より照明が暗い気がする。

大江戸線勝どき駅。駅名標の文字に、レリーフのような凹凸がある。

次に③上野駅から④乃木坂駅へ向かうときに上野〜三越前間で銀座線を使うとすると同じルートになるので、浅草線で大回りして上野へ向かう。赤えんぴつで、ぐちゃぐちゃになっては何度かコピーをとり直し、なんとか一筆書きを完成させた。時刻表で時間を調べてみると、全行程およそ4時間30分。なかなか長い。

予感はしたが、このミッションは修行だ。事前に立てた行程に沿って、ただ乗るだけではあるが、一つの路線に乗るのは長くて10分、乗り換えに次ぐ乗り換えで、気が抜けない。当初はホームに掲示してある乗り換えに便利な車両位置をいちいち確認していたが、出発して1時間が経過したあたりから、どうでもよくなってきた。頭もぼんやりしてくる。いま自分がいるのは改札の中なのか外なのか、何

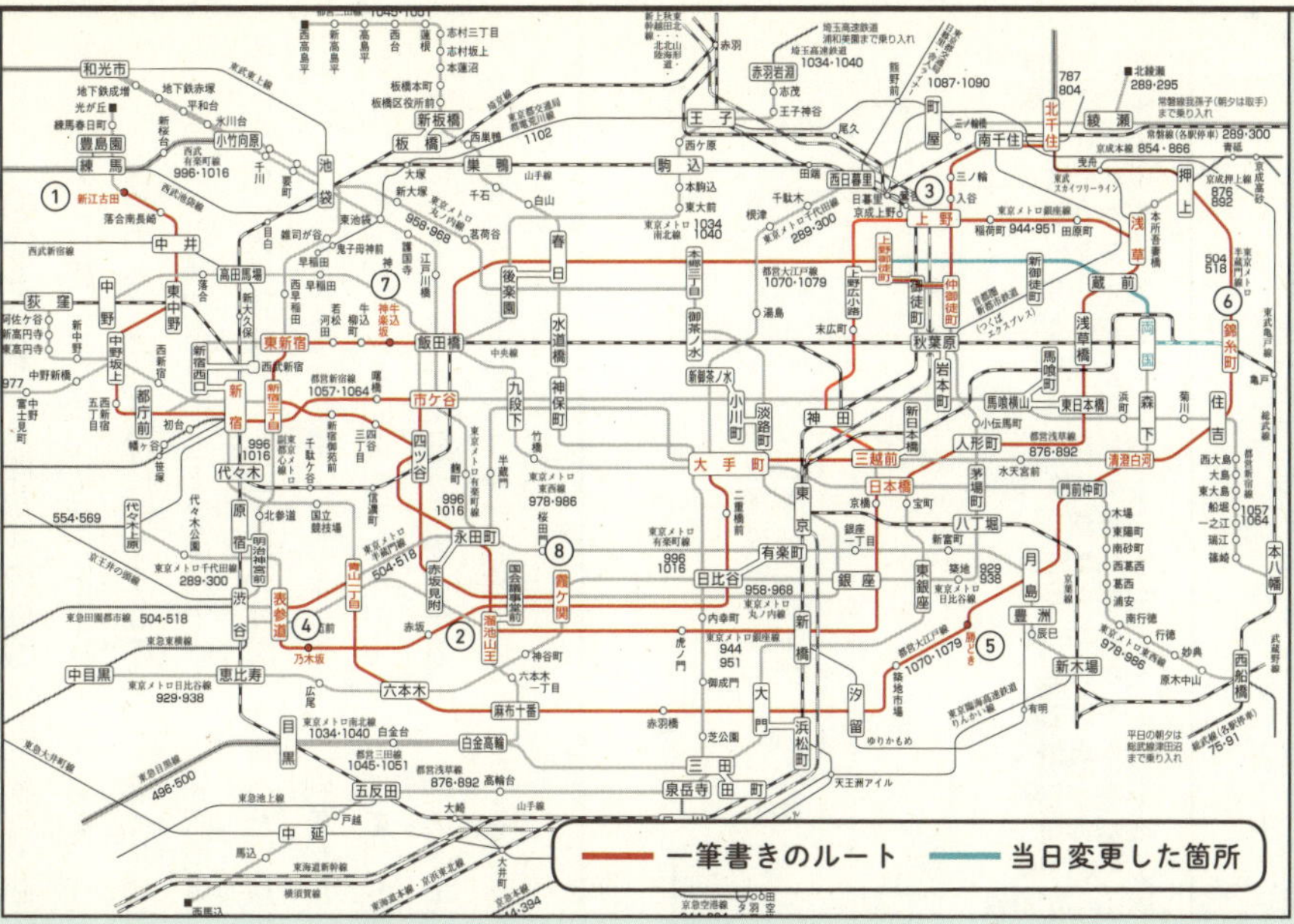

『東京時刻表』の地下鉄路線図。一筆書きで何周できるのか興味がないこともない。

半蔵門線錦糸町駅で、東武線のしんちゃん列車に遭遇。春日部を思う。

JR両国駅。JR線に乗ってよかったのか不安になりながら横綱を拝む。

ゴールまであと3駅。祝日の夜、人影もまばらでさびしかった。

線に乗っているのか、どこで降りるべきなのか、そしてどこへ向かっているのか、そもそも自分は何をやっているのか……。同じ列車に長時間乗り続けるのとはまた違う種類の恍惚《こうこつ》を体験する。

行程の間違い(?)に気づいてしまう……

我に返ったのは⑥半蔵門線の錦糸町駅に着いたときだ。ホームの路線図を何気なく見て、半蔵門線は押上駅までと気づく。乗り入れて東武スカイツリーラインとなるが地下鉄路線ではない。つまり「都営地下鉄・東京メトロ一日乗車券」が使えない。北千住駅まで行く行程だが、はたして170円を払って東武線に乗ってよいのか。一日乗車券「のみ」を使用、ではないが、他路線は使わない気がする。

【今回の旅程】

新江古田駅①
↓大江戸線
新宿駅
↓新宿線
市ケ谷駅
↓南北線
溜池山王駅②
↓銀座線
日本橋駅
↓浅草線
浅草駅
↓銀座線
上野駅③
↓銀座線
三越前駅
↓半蔵門線
大手町駅
↓千代田線
乃木坂駅④
↓千代田線
表参道駅
↓半蔵門線
青山一丁目駅
↓大江戸線
勝どき⑤
↓大江戸線
清澄白河駅
↓半蔵門線
錦糸町駅⑥
↓半蔵門線
北千住駅
↓日比谷線
仲御徒町駅
↓徒歩
上野御徒町駅
↓大江戸線
牛込神楽坂駅⑦
↓大江戸線
東新宿駅
↓副都心線
新宿三丁目駅
↓丸ノ内線
霞ケ関駅⑧

正解

溜池山王駅②
↓銀座線
上野駅③
↓日比谷線
北千住駅
↓千代田線
乃木坂駅④
↓千代田線
表参道駅
↓銀座線
青山一丁目駅
↓大江戸線
勝どき駅⑤
↓大江戸線
清澄白河駅
↓半蔵門線
錦糸町駅⑥
↓半蔵門線
押上駅
↓浅草線
蔵前駅
↓大江戸線
牛込神楽坂駅⑦

⑥錦糸町駅から向かうのは⑦大江戸線・牛込神楽坂駅。地下鉄路線のみで大江戸線につながるのは、半蔵門線で押上↓浅草線で蔵前↓大江戸線だが、浅草線の浅草〜蔵前間をすでに通ってしまっている。初手から間違っていたのでは……とにわかに襲う不安。一方、他路線に乗るならJR総武線で錦糸町〜両国↓大江戸線のルートもある。JR区間は140円と東武線より30円安い。結果、JR線に一駅乗車、両国から再び地下に戻った。以後は問題なく霞ケ関駅に到着した。所要時間は予定より延びて約5時間。でもやはり、地下鉄のみで回るのが正解だった気がする。不安まみれの達成感。

2016年11月取材

師匠から弟子へ

駅名しりとりで地下鉄一筆書きに挑戦

今回は地下鉄の駅名でしりとりを作成。弟子は同じ路線の同じ駅間を二度通過しない条件（同じ駅の通過はOKの一筆書き）で、地下鉄だけの乗り継ぎを考えたのだが……。東京の地下鉄は銀座線・丸ノ内線を除くと、他社線と相互乗り入れ運転しているため、その境界駅をしっかりチェックしないとダメだ。経路を一度間違えると正解に戻すのはほぼ不可能なため、弟子は奥の手を使用。しりとり駅を探すのは簡単だが、一筆書きは難解な作業であったようだ。

中間試験

師匠vs弟子 大回り対決

対決の方法

東京駅発→神田駅着（運賃140円）の大回りの旅程を各々作成し、制限時間内にどれだけ魅力的な旅が楽しめるかを競う。3組の審査員が2人の旅を下記①～④の審査項目でチェック。⑤乗車距離を加え、より多くのポイントを獲得したほうの勝ち。なお、お互いの旅程は旅を終えるまで共有しない。

制限時間 7：00～19：00

審査項目
① 車窓風景
② 立ち寄った駅
③ 食べた名物駅弁
④ 購入したおみやげ
⑤ 乗車距離

「大回り」できる特例とは？

JR線では大都市近郊区間内（「東京近郊区間」は下図参照）のみを普通乗車券または回数乗車券で利用する場合、実際に乗車する経路にかかわらず、最も安くなる経路で計算した運賃が適用になる特例がある。重複しない限り乗車経路は自由に選べるが、途中下車はできない。

【東京近郊区間】

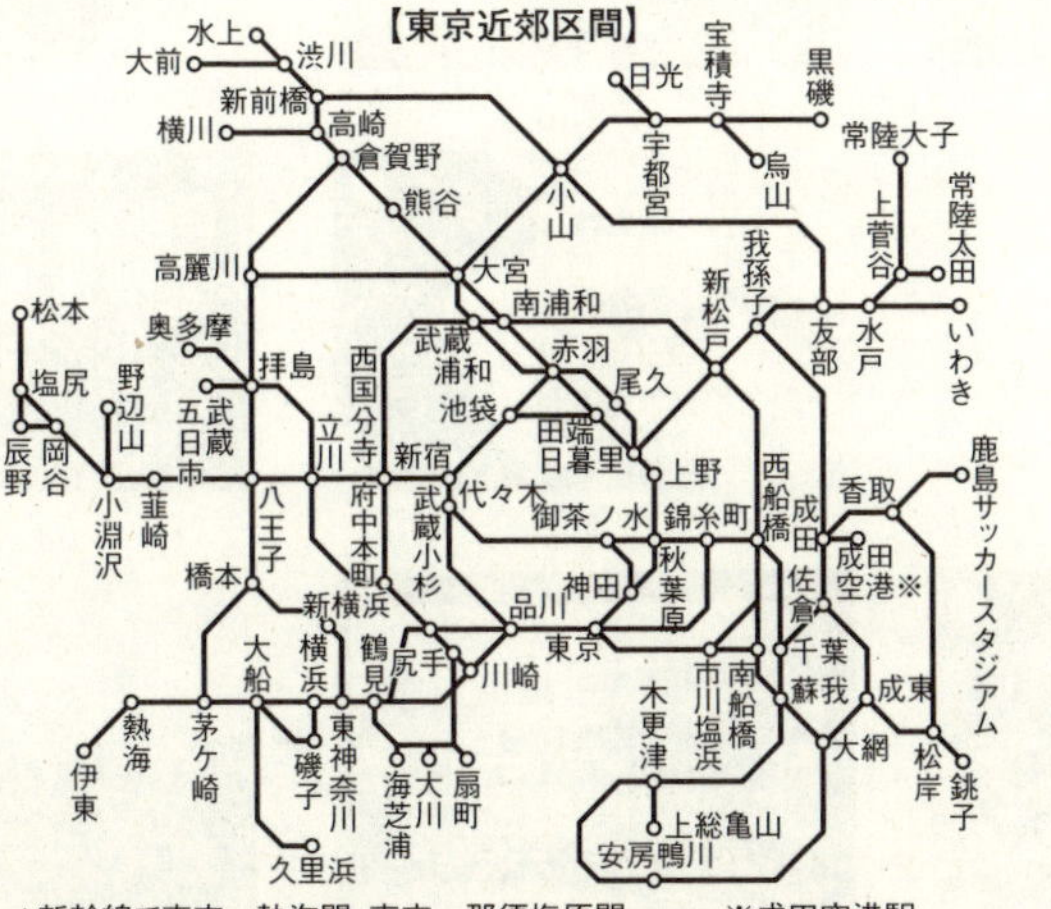

*新幹線で東京～熱海間、東京～那須塩原間、東京～高崎間をご利用になる場合は含まれません。

※成田空港駅（成田第1ターミナル）

師匠編

関東平野の名車窓満喫の旅

車窓が楽しめる列車旅が大好きだ！

文・撮影＝結解喜幸

今回は私と弟子が独自に「大回りプラン」を作成し、制限時間内に実際に乗車した距離や車窓の風景などを競うというもの。簡単に負けるわけにはいかないので、関東平野の外周を効率よく乗り継げるルートを探索し、車窓の風景が楽しめ、ゆったりとボックスシートに乗車可能な水戸線～両毛線～八高線をセレクト。そして、東京駅→友部駅と八王子駅→神田駅の最

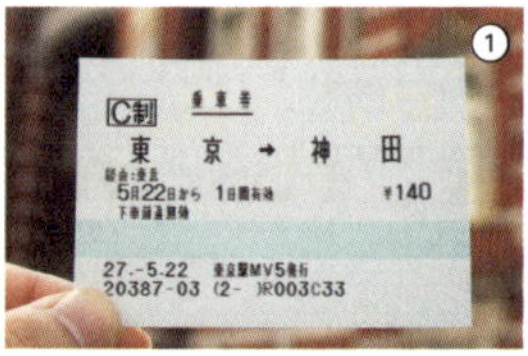

長となるルートをつけることにした。

　東京駅から成田駅まで総武本線の快速「エアポート成田」に乗車し、千葉駅での停車時間中にホームで駅弁「やきはま弁当」を買う予定であったが、土休日の予定を平日に変更して乗車したため、列車は満員状態。席を立って駅弁を買うことができず、旅のスタートから大きな計算違いとなってしまった。

　成田山新勝寺の玄関口となる成田駅から成田線に乗り継ぐが、ホーム内に売店がなく、空腹とともに我孫子駅へ。乗り継ぎ時間が13分あり、ホームにある『弥生軒』の名物「唐揚げそば」で空腹を満たすことができた。唐揚げWもできるが、おなかがいっぱいでは車窓よりも昼寝時間になるので、1個のせで済ますことにした。

水戸線～両毛線～八高線 ローカル線の旅を満喫！

　我孫子駅から友部駅までは常磐線の勝田行きに乗車。進行方向左手のボックスシート席に座る。土浦駅が近づくと独特な山容の筑波山が見えてくるが、その手前には生産量日本一を誇るレンコン畑が広がっている。

　友部駅から水戸線に乗り継ぐと、再び筑波山が車窓を飾るようになる。平日のため乗客も少なく、ボックスシートを独り占めできた。下館駅では関東鉄道常総線や真岡鐵道と遭遇。各社のいろいろな車両に出合えると楽しさも倍増する。

　小山駅では両毛線に乗り継ぐ前におみやげと「レモン牛乳」を購入。ボックスシートの115系電車で栃木名物を飲みながら、車窓

①東京駅から神田駅までの乗車券を購入。「東京駅→140円区間」のきっぷで乗車できる。
②我孫子駅ホームにある『弥生軒』。大きな唐揚げがのった唐揚げそば400円が名物。
③車窓の旅が楽しめるボックスシートが並ぶ水戸線の車内。平日の昼間は閑散としている。
④水戸線の車窓。筑波山が近くに迫る。
⑤下館駅に停車中の関東鉄道の気動車。途中駅でいろいろな車両に出合えるのも楽しみだ。
⑥栃木名物のレモン牛乳158円。小山駅構内のコンビニ・売店などで購入できる。
⑦高崎駅の東京寄りにある八高線ホーム。ワンマン運転のため発車ベルが鳴らないという。
⑧車端部を除いて4人掛けと2人掛けのボックスシートが配置される八高線の気動車車内。
⑨高崎名物のだるま弁当1000円。普茶料理風の弁当を食べた後は貯金箱として使用。
⑩高崎駅構内に続く車両基地。昔懐かしい茶色の客車や電気機関車などが車窓に楽しめる。
⑪地平ホームと高架ホームがある上野駅。上野東京ラインの開業で旅客の動線が変わった。

おみやげ

小山駅NEWDAYSで栃木名物の味覚・栃木レモン牛乳クッキー540円、高崎駅NEWDAYSで下仁田ネギの味覚・殿様ねぎ煎餅680円を購入。

に映る黄金色の麦畑や赤城山などの山並みを楽しんだ。

高崎駅では名物駅弁「だるま弁当」を購入。東京寄りにある八高線専用ホームから高麗川行きの列車に乗車し、のどかな風景を楽しみながら遅めのランチタイムとなった。ここまで順調な旅であったが、寄居駅で予想外の事態が発生。踏切障害により、寄居↓小川町は東武鉄道への振替輸送とのこと。小川町まで行ってもその先の連絡列車は確保されていないので思案に暮れていたが、乗ってきた列車がすぐに高崎へ戻るというので、このまま乗車。高崎から上野まで上野東京ラインの小田原行きに乗車することとなった。上野駅構内を探索後に山手線に乗車し、目的地の神田駅には定刻の18時58分に到着した。

今回のコースは乗り継ぎを効率的にしたのがに仇《あだ》なり、車窓は楽しめたものの、途中駅での楽しみがイマイチだった。これでは弟子に完敗した気がするので、ぜひリベンジマッチを！

2015年5月取材

【師匠の旅程表】

東京駅
7:08
↓総武本線（快速「エアポート成田」）
7:51
千葉駅
7:55
↓総武本線・成田線（快速「エアポート成田」）
8:31
成田駅
8:51
↓成田線（上野行き）
9:33
我孫子駅
9:46
↓常磐線（勝田行き）
11:06
友部駅
11:17
↓水戸線（小山行き）
12:20
小山駅
12:30
↓両毛線（高崎行き）
14:18
高崎駅
14:37
↓八高線（高麗川行き）
16:01
高麗川駅
16:04
↓八高線（八王子行き）
16:45
八王子駅
16:54
↓中央線・武蔵野線（大宮行き）
17:31
北朝霞駅
17:35
↓武蔵野線（海浜幕張行き）
17:43
武蔵浦和駅
17:57
↓埼京線（新宿行き）
18:06
赤羽駅
18:14
↓東北本線（熱海行き）
18:24
上野駅
18:53
↓山手線（外回り）
18:58
神田駅

※踏切障害のため以下に変更

寄居駅
↓八高線
高崎駅
16:26
↓高崎線・上野東京ライン（小田原行き）
18:17
上野駅

乗車距離（営業キロ）

予定：**470.1**キロ

実際：**414.4**キロ

※実際の乗車距離は高崎駅～寄居駅間の往復（65.0キロ）はカウントしていません。

弟子編

房総半島を一周して海を見たい

海へ向かったのになぜか肉三昧の旅

大回りの挑戦は2回目になる。初体験した際に思ったことは、ふたつある。「次は房総半島を一周したい」「適度に何か食べたい」。

前回、師匠が立ててくれた旅程は一分の隙もなく完璧で、その無駄のなさに感銘を受けたのだが、それだけに途中で何かを食べる余裕はなく、駅の売店で買ったマカダミアチョコが生命線だった。そして車窓は山が多かった。今回は近づく夏を感じるために海へ、そしておなかも適度に満たしたい。師匠対決といいながら、あくまで己の欲望に忠実な行程である。

当日朝は曇天。天気は回復する見込みはなく、むしろ荒天の予報。お守り代わりにマカダミアチョコを購入し、東京駅地下ホームから総武本線に乗る。車内は身動きできないほどの混雑で、なんとか千葉駅で下車、駅弁を買う。6分しかないため迷っている暇はなく、掛け紙に引かれて「トンかつ弁当」にする。昭和40年代から続く千葉駅の名物だ。

次の内房線も混雑は続き、終点の君津駅に降り立ってようやく一息つく。先程までのぎゅうぎゅう詰めが幻のように静かな駅で、ホームには湿った強い風がごうごうと吹き荒れ、ベンチも雨で濡れている。人間が、いない。

ラッシュを抜けて荒天の太平洋を眺める

次の館山行き内房線は1両に乗客が3人、ようやく旅が始まった実感がわく。ボックス席に座り、トンかつ弁当を開く。かつに染みたソースが、故郷福井のソースカツ丼を思い出させる。不穏な空模様と相まって、にわかにしんみりしてきた。木々は大きく揺れ、強風のため電車は徐行する。車内にも、外の風音がかすかに聞こえてくる。上総湊駅を過ぎると右手に海が現れた。

海は荒れていて、青々とした穏やかな太平洋を眺めて夏を思うはずが、冬に向かう日本海のような風情だ。とはいえ、白波が立つ海原は力がみなぎっていて美しい。和田浦駅からは巨大なクジラの骨格標本が見えた。内房線と外房線の終着駅である安房鴨川駅を過ぎると、車窓はトンネルと海が交互に流れる。乗客は一段と少なくなり、駅に到着するたび、ドアの開閉音がやたらと大きく響く。房総半島の南のハテに来たのだ。

大原駅を過ぎると、ハテ感は徐々に薄らぎ、車窓は田園風景となる。水が張られた田んぼには、白や灰色のサギ（たぶん）をよく見かけた。東金線を経て成東駅に着くと、風はだいぶおさまり、スズメやキジなど鳥の声がにぎやかで、大きなクロアゲハが目の前を舞う。湿気はあるものの、おなかは満たされ疲れはなく、大回りという過酷な行程のはずが、桃源郷に迷い込んだ心地だ。房総半島一周、荒天もまた良し。成田線も引き続き、曇天の下、水田が広がる。

我孫子駅に到着し、ホームの駅そば『弥生軒』へ。唐揚げのみを

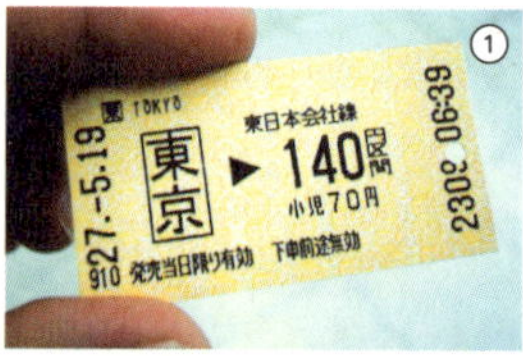

【弟子の旅程表】

東京駅
7：08
↓総武本線（快速「エアポート成田」）
7：51
千葉駅
7：57
↓内房線（君津行き）
8：44
君津駅
9：01
↓内房線（館山行き）
9：55
館山駅
10：13
↓内房線（安房鴨川行き）
10：54
安房鴨川駅
10：57
↓外房線（千葉行き）
12：22
大網駅
12：25
↓東金線（成東行き）
12：42
成東駅
13：03
↓総武本線（銚子行き）
13：51
松岸駅
14：10
↓成田線（千葉行き）
15：25
成田駅
15：45
↓成田線（我孫子行き）
16：27
我孫子駅
16：58
↓常磐線各駅停車（代々木上原行き）
17：11
新松戸駅
17：19
↓武蔵野線（府中本町行き）
17：51
武蔵浦和駅
18：06
↓埼京線（新木場行き）
18：36
新宿駅
18：42
↓中央線快速（東京行き）
18：53
神田駅

乗車距離（営業キロ）
450.4キロ

2015年5月取材

出汁につけて食べる上級者を横目に見ながら、唐揚げそばを頼む。夕方が近づき、小腹を満たす人で店は混んでいる。晩ご飯用に2つ、唐揚げをテイクアウトした。

以降は「大回り」の名に恥じぬよう、埼玉県まで足を延ばし、ぐるりと回って神田駅着。初回のように家に帰りたい病に悩まされることなく、海と肉を堪能する目的を達した。当分、肉はいらない。

①東京駅では、きっぷを買う。神田駅に帰ってきたとき、駅員さんに誇らしげに見せたい。
②『万葉軒』のトンかつ弁当500円。簡易な容器、ソースが染みたカツ、武骨さの極み。
③内房線大貫駅ホームの待合室。内房線の駅舎や待合室には、この薄い青色が多く使われている。
④館山駅。オレンジ色の瓦、シュロの木と南国風味あふれる駅だが、当日は嵐のまっただ中だった。
⑤車両の色は、房総の海と砂と菜の花をイメージしている。
⑥内房線の車窓から望む太平洋。
⑦松岸駅。ウグイスやスズメなど、鳥の声だけが響く。列車の発車合図音もない。
⑧成田線沿線。見わたす限りの水田地帯。雨は上がるも湿度が高く、ぼんやりとけぶった様が美しい。
⑨我孫子駅『弥生軒』の唐揚げ（1個）そば400円。お客さんが絶えず、みな高速で平らげていく。焦る。
⑩武蔵浦和駅。新幹線「はやぶさ」「こまち」号が通過していく。18時を過ぎていたが、まだ明るかった。

おみやげ

我孫子駅の『弥生軒』で唐揚げ2個280円を持ち帰り。コンビニ袋に直に入れるという、ざっくばらんな感じがいい。帰ってからも、お店に倣って、めんつゆに付けて食べた。ビールのアテに。

師匠vs弟子 大回り対決

審査結果

旅行・時刻表・散歩のエキスパートが2人の旅を下の①〜④の項目でチェック。それぞれ、より魅力的だと感じたほうに1ポイント付与する。

① 車窓風景　② 立ち寄った駅
③ 食べた名物駅弁
④ 購入したおみやげ

審査員① 月刊『旅の手帖』編集長（当時）
矢口正子

① 弟子　② 弟子　③ 師匠　④ 弟子

行きたいところに行く。そんな旅の基本であるプランを実践した、房総半島旅に1票。ひなびた駅風情と意外性あるおみやげが、特にいい感じ。2人が同じ駅そばを食べていること、師匠が買い損ねた駅弁と弟子が食べた駅弁が同じ調製元だったことに師弟愛を感じました（笑）。

審査員② 『JR時刻表』編集部
筋金入りの鉄道好きチーム

① 師匠　② 弟子　③ 弟子　④ 師匠

食事はかぶったが、大回りで駅そばは一番の食事処。途中でトラブルに巻き込まれた師匠は災難だったが、運も実力のうちなので、判官びいきも含め弟子に軍配か？ 大回り乗車の王道である浜川崎乗り換えや、グリーン車利用など初心者向けのうんちく経路も楽しいですよね。

審査員③ 月刊『散歩の達人』編集長（当時）
武田憲人

① 弟子　② 師匠　③ 弟子　④ 師匠

師匠は残念だったが、ここはシビアに判定させていただく。また、レモン牛乳とだるま弁当は、確かに旨いがやや普通すぎるか。対して弟子は駅弁もみやげも個性的で高得点。房総らしいハテ感ある写真も好みだ。しかし本当にこれくらいで当分肉を食べたくなくなるものだろうか？

⑤ 乗車距離

師匠＝414.4キロ
弟子＝450.4キロ　弟子に1ポイント

審査結果

師匠＝5ポイント
弟子＝8ポイント

勝者
弟子

総評

今回は思いのままに旅した弟子に軍配があがったが、急遽計画を変更し時間内に神田駅に到着した師匠も流石！『JR時刻表』編集部のコメントの通りグリーン券を購入すればグリーン車にも乗れるので、季節を変えて再び対決を！

Vol. 26

モノレールで空中散歩

Level :

MISSION

関東地方のさまざまなモノレールに乗り、その実態を報告せよ！

新宿駅
7:37
↓湘南新宿ライン
8:29
大船駅
8:37
↓湘南モノレール
8:51
湘南江の島駅
9:04
↓湘南モノレール
9:13
湘南深沢駅＊1
9:35
↓湘南モノレール
9:41
大船駅
9:52
東海道線
10:26
品川駅
10:31
↓山手線
10:36
浜松町駅
10:40
↓東京モノレール
10:55
羽田空港
国際線ビル駅＊2
11:35
↓東京モノレール
11:49
浜松町駅
11:54
京浜東北線
11:58
東京駅
12:16
↓総武線快速
12:55
千葉駅
13:07
↓千葉モノレール
13:31
千城台駅
13:40
↓千葉モノレール
14:09
千葉みなと駅
14:24
↓京葉線
14:49
舞浜駅＊3
15:04
↓京葉線
15:17
東京駅
15:33
↓山手線
15:40
上野駅＊4

＊1 車庫ウォッチング。
＊2 駅から車両ウォッチング。
＊3 ホームからディズニーリゾートラインをウォッチング。
＊4 上野動物園の東京都交通局上野懸垂線に乗車。
※土休日時刻。

時刻表に掲載されているのは、鉄道だけではない。バス、モノレール、ケーブル、ロープウェイ、船、航空機などの交通機関も載っている。今回は、そのなかでもモノレールを取り上げる。

『JR時刻表』の巻末、「JRバス&会社線」のページを見ると、関東地方には地下鉄、私鉄に混ざって、「東京モノレール」「千葉都市モノレール」「多摩モノレール」「湘南モノレール」「ディズニーリゾートライン」の5社がある。特定の園内を走るディズニーリゾートラインが載っていることに驚くが、終電が深夜0時前後まであることにもさらに驚く。時刻表にはいつも、小さな驚きが隠れている。

モノレールは、その名の通り一

湘南モノレール

湘南江の島駅のホームからの眺め。高い。発車というより落ちる！……と思うくらい高い。

湘南モノレール、湘南深沢駅付近。"懸垂"というよりは、車体が軌道に張りついて動いているように見える。

走行中は、空調の冷却水を下へ落とすことができないので、駅で排水する。そのための受け皿がある（左下）。

湘南深沢駅には車庫がある。車庫といえども、やはり空中。出番を待つアトラクション機器のような趣。

本の軌道を利用し、上からつり下がる形の「懸垂式」と、レールにかぶさる形の「跨座《こざ》式」の二種類がある。一本軌道を実感できるのは、断然「懸垂式」だ。車体の下は空中という浮遊感と、もちろん安全なのだが、ぬぐえない不安感が醍醐味《だいごみ》だ。

晴天の冬の日、モノレール4路線の乗り比べに出発。まずは湘南モノレール。この路線のアドベンチャー感は頭ひとつ抜き出ている。発車するときの、後ろに引っ張られるようなスタートダッシュには、驚愕《きょうがく》と不安が一緒になって「うおえっ!?」と変な声が出る。途中、急勾配あり、カーブあり、トンネルが2カ所ありと、お楽しみポイントも多い。とはいえ沿線住民や企業の重要な足となっていて、朝晩のラッシュ時は相当な混雑になる。大船駅から湘南江の島駅まで

東京モノレール

右／2010年に開業した羽田空港国際線ビル駅の上りホームには、フォトスポットがある。時を忘れる風景が眼前に。左／天王洲アイル駅付近、京浜運河の対岸に東海道新幹線。大井の新幹線基地からの回送。

上野懸垂線

所属は東京都交通局。40形電車は、宝くじ協会の助成金を基につくられた「宝くじ号」。

千葉モノレール

モノレールの終点は、軌道が所在なさげに、ぶった切られている。千葉都市モノレールの終点、千城台駅にて。バスがつり下がっているような眺め。

の6・6キロは、大半が市道（日本初の自動車専用有料道路だった）の上を通っている。ときに下を走る車を追い越す勢いで疾走し、江の島が近づくにつれ海が見えてくる。天候によっては富士山をも望む。14分ほどで到着してしまうのがもったいない。乗り物の楽しさの神髄を極めた路線である。

驚きばかりじゃない 各地のモノレール

次は、浜松町と羽田空港を結ぶ東京モノレール。京浜運河沿いを倉庫や工業団地の間を縫うように走る路線だ。東京の辺境をじっくりと堪能できる。跨座式で、車両中央部が盛り上がっているため、座席の配置が独特なのも楽しい。個人的には、この路線に乗って車窓を眺めていると身も心も解放される。疲れていると、わけもなく泣くこともある。自分にとってのヒーリングなのか、デトックスなのか、よくわからない。いずれにしても、自分の中の〝東京〟は、この路線から見る風景だ。

そして千葉駅へ。千葉都市モノレールは湘南モノレールと同じ懸垂式ではあるが、うって変わって〝静〟である。発車も走行もいたって静かで、車窓を見なければ地上を走っていると思えるくらいだ。淡々としているせいか、終点まで乗るとちょっと飽きるなと思ったが、「懸垂型モノレールとしては、営業距離（15・2キロ）が世界最長」としてギネス認定を受けている。長く感じたのは道理であった。

次の「舞浜駅ホームからディズニーリゾートラインを見る」は、師匠のミッションにはあるものの本当に見ることができるのか半信半疑であった。だが、駅のホームの目の前を、ゆるゆると走る姿をしかと見た。ただ、ホームのほとんどに目隠しの壁があるのが惜しい。ホームの先端がビュースポットである。

モノレール旅の締めくくりは、上野公園。時刻表に記載はないが、園内を走る331・42mのモノレールは、正式には「上野懸垂線」といい、日本初の営業路線だ。東京都交通局の運営で、東園駅と西園駅を結び、乗車時間は1分30秒、大人150円（上野動物園の入園料、一般600円が別途必要）。実は車内から見える動物はエミューだけ、というのが残念な点ではあるが、こぢんまり感がたまらない。いつまでも残ってほしい。

2014年2月取材

師匠から弟子へ

師匠の子供時代は上野動物園モノレール

今回は時刻表の後ろのページに掲載されているモノレール線をセレクトし、首都圏のモノレールのおもしろさを体験するというもの。弟子はスリル満点の乗り心地が楽しめる懸垂式の湘南モノレールと千葉モノレール、跨座式の東京モノレールと定番をクリア。そして時刻表にない東京都交通局の上野懸垂線を取り上げたが、これは師匠を喜ばせる締めだろう。子供の頃、親に連れられて上野動物園に行き、人生最初のモノレール乗車となった思い出が蘇《よみが》った。

Vol. 27

東京湾をフェリーで渡る

Level：

MISSION

神奈川・千葉を結ぶ唯一のフェリーに乗り、その実態を報告せよ！

川崎駅
9：15
↓バス＊1
10：20
木更津駅
10：51
↓内房線
11：29
浜金谷駅
↓徒歩５分
金谷港＊2
12：25
↓東京湾フェリー
13：05
久里浜港＊2
13：52
↓バス
14：04
京急久里浜駅
14：15
↓バス
14：22
紺屋町バス停
↓徒歩
浦賀渡船＊3
14：30～15：00
↓徒歩
紺屋町バス停
15：07
↓バス
15：18
京急久里浜駅
↓徒歩
久里浜駅
15：44
↓横須賀線
15：57
田浦駅＊4
16：13
↓横須賀線
17：24
東京駅

＊1 かつての航路跡をバスで移動。
＊2 次の便を利用する車両は？港のりばウォッチング。
＊3 時刻表には情報がない生活路線を体験（往復）。
＊4 鉄分補給下車。ホームのトンネルに注目。
※平日時刻。

三浦半島の久里浜と、房総半島の浜金谷を結ぶ東京湾フェリーは、何度も往復したいくらいに楽しい乗り物だ。告白すると船はいささか怖いのだが、初めて東京湾フェリーに乗ったときは、はしゃぎすぎて下船してから虚脱状態になった。今回は気をつけたい。季節は春真っ盛り。はやる気持ちをおさえつつ、家を出た。

　まずは川崎からバスに乗る。師匠によると、かつては川崎と木更津を結ぶ航路があったが、東京湾横断道路の完成で廃止されたとのこと。ということは、行きはフェリーで川崎～木更津、鋸山観光でもして、帰りは浜金谷～久里浜のフェリーと、近場で船三昧ということもできたわけだ。

右／アクアラインからの眺め。対岸に向かって橋を下りていく疾走感が心地よい。左／内房線青堀駅。駅舎の屋根の色が南国風。この沿線の駅舎に多い色だった。

東京湾フェリー

金谷港すぐの食堂で食べた金谷ラーメン600円。カジメという海藻が入っている。

①金谷港を離れてゆく。フェリーに乗った途端、曇天に。②船室内。とても居心地がよい。40分では堪能し尽くせない。③港に着くと車両が次々と出てくる。

木更津行きのバスは、川崎の街中を抜けると工場地帯の中に入っていく。頭上を飛行機がかすめる。浮島バスターミナルで2人が乗車、東京湾アクアラインのトンネルに入る。薄暗い中を一定の速度で走っていると、異次元へつながるタイムマシンのような気がしてくるものだ。海ほたるで地上に出ると、穏やかな春の海が広がっていた。潮干狩りの団体バスを横目に見ながら、房総半島へ向かってまっしぐら。右も左も海。海上の一本の道路がとても頼りない。フェリーに乗っている、と思えなくもなかった。川崎から1時間で房総半島に上陸。ときには鉄道を使わない移動もよいものである。

木更津駅からは内房線。ブルーとイエローの車両は、房総の日の光にとても映える。車内では、部活帰りの高校生がお菓子パーティ

右／赤い小舟がのんびり行く。船の後ろ姿は、思いがけず切ない。左／対岸はよく見えている。でも自力では渡れない。そのもどかしさを、小さな船がつないでくれる。

田浦駅北口から廃線跡をたどって5分ほど。2組の線路が平面で交差しているのは、とても珍しい。しかもまだ残っているとは。

渡った先を探索して叶神社へ。浦賀城跡があり上からの眺めは絶景。ペリーの黒船がやってきたのは眼下の左あたり。

田浦駅のトンネルは、中央（下り線）が明治、右（上り線）が大正、左は引き込み線用として昭和につくられた。

ーを開いている。のどかだ。

浜金谷駅で降りて港を目指す。港の周辺は、観光バスや一般車両で混み合っていた。周辺の食事処もいっぱいで、狙っていた店もあったのだが行列で入れず。4月のうららかな行楽日和、皆が浮かれている。

大型フェリーと渡船のギャップを楽しむ

12時25分、三浦半島へ向けてフェリーが出発。観光バスも乗船し、客室は団体客であふれる。運転手さんは束《つか》の間の休息。船内には、あらゆる方向に向いてデラックスな椅子が設置され、外に出ることもできるので、様々な楽しみ方ができる。わたしは断然、デッキ派だ。潮風にまみれながら、近くの石油タンカーや、遠くの天然ガスを積んだ大型船などを眺める。船の右と左とでは、風向きや強さがまるで違うのを身をもって体験する。他のお客さんがソフトクリームを食べているのに気づいたが時すでに遅く、売店は閉まり、40分で久里浜港に着いた。今回は落ち着いて船を堪能できたと思う。

次に乗るのは、『JR時刻表』に記載がないばかりか、そもそも時刻表がないという、浦賀の渡船。港の両岸を約3分、150円でつなぐ。船が対岸にいるときは呼び出しボタンを押すアナログぶりだ。とはいえ、航路は「浦賀海道」という、れっきとした横須賀市の市道（2073号）。歴史は江戸時代からといわれる。あっという間に着くのだが、生活と密接に結びついているであろう土地ならではの交通手段は、この先もずっと残っていってほしい。

船ずくめの旅、いつもとは趣が違ってよいのだが、でもやはり鉄分が足りない。最後に横須賀線田浦駅へ。トンネルに挟まれた駅で、長い11両編成の車両はホームからはみ出てトンネル内に入ってしまうため、開かない扉があることや、そのトンネルは明治・大正・昭和と違う時代につくられていることで知られる鉄スポットだ。弟子としては、一歩踏み込んで、相模倉庫や在日米軍へとつながっていた専用線の廃線跡を見ておきたい。駅北口からすぐの道路には線路がまだ残っていて、しかもとても珍しい平面交差跡まである。本日いちばんの興奮で写真を撮る。船と廃線歩き、これ以上ない春の一日だった。

2014年4月取材

師匠から弟子へ

浦賀の渡船と田浦の廃線跡歩き！

東京湾をフェリーで横断すると、羽田空港へ着陸する飛行機が上空を横切る。飛行機も好きな師匠は、川崎～木更津間に運航されていたフェリーに乗り、飛行機の写真を撮るために何度も往復したものだった。往路は東京湾横断道路、復路はフェリーの旅の後は時刻表に掲載されない渡船をプランに入れたが、ペリーの黒船が来た風景も楽しんでいる。さらに田浦駅で廃線跡を訪ねたのは、鉄子な弟子ならではの対応だ。素晴らしい！の一言を添えたい。

愉快な乗り物たち

Vol. 28

お座敷列車に乗ろう

Level：

MISSION

山梨でかつて使われていた中央本線の2つのトンネルの現状を確認しつつ、ワイン＆駅弁と共に「お座敷列車」を満喫せよ！

新宿駅
9：02
↓中央本線＊1
10：57
勝沼ぶどう郷駅＊2
11：14
↓甲州市市民バス
11：22
大日影トンネル遊歩道入口
↓徒歩
勝沼ぶどう郷駅
15：46
↓中央本線＊3
16：17
甲府駅＊4
16：37
↓中央本線
18：43
新宿駅

＊1「ホリデー快速ビューやまなし」に乗車。初狩駅の左下に見える貨物用のスイッチバック駅に注目。

＊2 勝沼トンネルワインカーヴ案内所見学→大日影トンネル遊歩道見学→勝沼ぶどうの丘→勝沼ぶどう郷駅前公園に保存・展示されるEF6418電気機関車を見学。

＊3 昔ながらの車両・115系電車を堪能。

＊4 駅弁を購入し「お座敷山梨ぶどう狩り号」へ。

※交通費合計6120円（運賃4500円＋お座敷列車のグリーン券1620円）。

師匠から届いたミッションと行程は、とても仕事とは思えない内容だった。今回のいちばんの難題は、ワインと駅弁を買ってお座敷列車に乗っても仕事を忘れないことだ。

秋晴れの休日、夫とふたり家を出る。お座敷列車でひとり宴を繰り広げる度胸がなかったため、ワインを餌に同行を願った。新宿駅から乗るのは、ぶどう色のラインが入るオール2階建て車両「ホリデー快速ビューやまなし」だ。2階席に乗り、すこし高い視線の車窓を楽しむ。高尾駅を過ぎると車窓は緑が深くなり、そこに彼岸花の赤と、柿の橙と、コスモスの薄紫が映える。田は稲刈りが終わったところ。収穫の秋。たわわに実ったぶどう（が液体になったもの）

大日影トンネル

右／トンネル内は水音が響くが、とりたてて湿度が高いわけでもなく、涼しくて快適。一直線なので出口の明かりも見える。左／大日影トンネル入り口。1997年に新しいトンネルが隣に造られ、94年の役割を終えた。

上／勝沼ぶどう郷駅（旧勝沼駅）は、かつてスイッチバック方式の駅だった。旧ホームが現駅の下に残っている。下／勝沼ぶどう郷駅前にあるEF6418。1966年製作。急勾配の路線用で、貨物列車を牽引して中央本線を走っていた力持ち。

を思って心が浮き立つ。

ぶどうが実る 盆地の絶景

勝沼ぶどう郷駅では、大勢が降りた。ぶどう狩りのシーズンなのだ。人をかき分け、駅前から市民バス「ワインコース2」に乗って大日影トンネルへ（向かうはずが、気が急《せ》いて乗るバスを間違え時間とお金を無駄にした……）。ここには古いトンネルが二つあり、ひとつ（旧深沢トンネル）は「勝沼トンネルワインカーヴ」に、もうひとつ（大日影トンネル）は遊歩道として整備されている。「勝沼トンネルワインカーヴ」は、個人やワイナリー各社のセラーとなっていて入り口付近のみ見学できる。

大日影トンネルの遊歩道は明治36年（1903）に開通した全長約1・4㎞のトンネル内を歩くこ

大日影トンネルを出た下にある河川隧道。緑に埋もれ、思わず息をのむ美しさ。

勝沼トンネルワインカーヴ内は、とてもひんやり。2005年に貯蔵庫に生まれ変わった。

ぶどう畑に、とくに柵はない。手を伸ばせば、ぶどうが取れてしまうだけに心配だろう。

畳に掘りごたつは、日本人には妙に落ち着く。適度な揺れと酔いで、心地よく夢の世界へ。

「お座敷山梨ぶどう狩り号」。車体には、ピーナツやマザー牧場など、千葉ゆかりのイラストが描かれている。

とができる。レールが残る暗いトンネル内を歩いて何が楽しいのかと言うなかれ。イギリス式の見事なレンガ積み、いまだ残る蒸気機関車から吐き出された煤《すす》、水はけのため線路の下に設けられた水路など見どころが満載だ。待避所だったところには説明プレートがあるので飽きることもない。脳内BGMに「スタンド・バイ・ミー」を繰り返し、30分ほどで外へ出て、勝沼ぶどう郷駅へと戻ってきた。

勝沼は四方を山で囲まれた、盆地の見本のような地形で、高台にある駅からの眺めは唯一無二の美しさだ。なだらかな起伏に沿ってぶどう畑が連なり、その中に家が点在している。くわえて今は、ぶどうの収穫期。桃源郷のごとき町の中を20分ほど歩くと、「ぶどうの丘」に到着する。ここはワインの試飲、レストラン、バーベキュー、温泉、宿泊と、あったらいいながすべて揃う、夢の施設。地下のワインカーヴで試飲に没頭し、熟考に熟考を重ねた上、ワイン3本をみやげとする。

このまま帰ってもいいような気もしたが、そもそもの目的を思い返し甲府へ。駅弁（甲府とりもつべんとう）を買ってお座敷列車を待つ。駅の列車案内掲示板には「快速千葉」としかなく不安になるが、定刻にカラフルな列車がホームに滑り込んできた。

車内は、その名のとおり掘りごたつの座敷で、テーブルは長くつながってはいるものの、なんとなく四人でひとつのテーブルといった雰囲気だ。二人組の場合、横並びがいいのか、向き合うのがいいのか、思案のしどころである。当方は、向き合って席をとったが、二人で同じ景色を見たほうが話がはずむはずなので、次回は横並びにしたい。車内では小さな宴が各地で始まり、酒が回るにつれスキンシップが増えたり、腕をからませて眠りに入ったり、各々ラブモードへと移行していく（二人組の場合）。お座敷ならではの、くつろぎだ。我々夫婦は、向かい合いのせいか、いろいろ落ち着かず、ぼんやりとワインをあおる。瓶のワインを持ち込む場合、小さなコップ的なものを用意するべきであった。瓶から直接飲むと周囲の目も厳しい。

そんなわけで、いくつかお座敷列車の楽しみ方で反省すべき点があったので、ぜひともリベンジしたい。とりあえずは、四人で。

2013年9月取材

師匠から弟子へ

ワインの文字で弟子も躍り喜ぶ？

ワインの文字で弟子は歓喜したようだが、今回は往路が2階建て電車、復路はお座敷列車という師匠特撰の旅を提供。勝沼駅界隈に鉄道の見どころがあるので、しっかり見てきたかをチェック。ワインが功を奏したのか完璧なまでに勝沼を制覇していた。今回の旅で訪れた「大日影トンネル」だが、老朽化のため2016年4月25日〜当分の間、閉鎖されているという。ここが見られないのは残念だがおいしいワインを楽しむ勝沼の旅は変わることがないだろう。

愉快な乗り物たち

Vol. 29

SLとリゾート列車の夏の旅

Level：

MISSION

関東エリアの魅力的な「臨時列車」を2つ探し出し、旅に出よ！

【弟子が作った旅程】

高崎駅
9：56
↓上越線
快速「SLみなかみ」
12：04
水上駅
12：56
↓上越線
13：35
渋川駅
14：24
吾妻線
15：41
万座・鹿沢口駅
15：51
↓吾妻線
16：04
長野原草津口駅
16：18
↓吾妻線・上越線・高崎線経由
快速「リゾートやまどり」
19：02
大宮駅

今回のミッションは「臨時列車」。『JR時刻表』の巻頭、黄色いページには、季節のイベント・増発列車として全国の愉快な列車が掲載されている。蒸気機関車、お座敷列車、トロッコ車両など、定期運行ではない特別な列車が多く走っているのだ。季節は夏、「さわやか信州夏旅号」「伊予灘ものがたり」「奥出雲おろち号」など、まず名前に引きつけられる。師匠によると、時刻表の本文部分にも臨時列車は掲載されているから合わせて検索すべし、とのこと。初心者は見落としがちなことである。

そこで、黄色いページと本文部分を交互に見つつ完成したのが、快速「SLみなかみ」と、快速「リゾートやまどり」の2つの臨時列

灼熱の大地に、稲がのびのびと育っている。2カ月後、何事もなく収穫できますように。

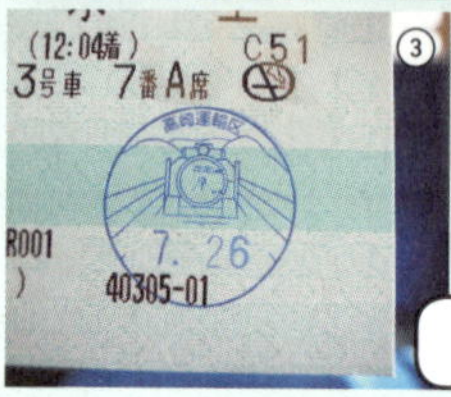

①何時間でも見ていたい。惚れる。②石炭を燃やして走っていることを実感する眺め。音も匂いもすべて。③車内改札の印が、ちゃんとSLの形。

転車台に付いている小屋（?）のようなもの。手作り感が満載。でもたぶん、重要な何かが入っている。はず。

こんなに長くて重そうな機関車を、あっという間に回してしまう転車台。だいぶ使い込まれた感じ。

車に乗る旅程。そうと決まればさっそく予約。JR東日本の「えきねっと」というサイトで空席情報がわかり、予約もできる。「リゾートやまどり」は、座席表を見ながら指定席が予約可能。ちなみに取材日は7月26日、予約をしたのはその1週間前だった。

いつもの路線を違う車両でのんびりと

当日。梅雨明け後の猛暑が続くなか、高温で名高い群馬へ向かう。高崎駅のホームにはすでに、目当ての車両が準備万端で煙を吐いている。蒸気機関車は生きものだ。真っ黒で、きらきらして、隅々まで血管が流れているみたいに躍動している。石炭が燃え、その熱が細かい部品にまで行き渡り、煙となって勢いよく吐き出される。ひとつとして無駄な動きがない。た

長野原草津口駅にて。奥に見えるのが、デラックス車両「リゾートやまどり」。

万座・鹿沢口駅前、笹平。かつて崖崩れがあり、斜面を安定させるため擁壁をつくった。

リゾートやまどり

①3列なので、座席も通路もゆったり。全車グリーン車並みの座席である。キッズルーム（②）や、畳座席（③）のほか、展望席もあって、飽きないつくり。

川原湯温泉駅。吾妻線内でただひとつ残る木造駅舎。2014年9月には新しい駅舎に移り、旧駅舎はダムに沈む。

たずまいは静かで重々しいのに、たぎる熱を内に秘めていて、いつ見ても圧倒される。ホームにはあらゆる角度から写真を撮る人であふれかえっていた。

　ところがいざ発車してみると、意外に車内は人が少なく空席が目立つ。撮影していた人たちはほとんどが乗らないらしい。残念なような、でも乗っている身にとっては車内に人が少ないのは悪くなく、ボックス席の窓側にひとり陣取って心を静める。

「快速」といえども、スピードが速いわけではない。車窓の流れもゆっくりだ。時折、長い汽笛が響き、景色が煙に包まれる。ガタゴトガタゴト、前後左右に小刻みに揺れる。トンネルに入ると、煤《すす》の酸っぱい焦げ臭さがほのかに車内に漂ってくる。じわじわと心地よい。沿線では、洗濯物を干している奥様や、部活中の少年たちが、手を振っている。カーブになると、前方に煙を吐く機関車の勇姿が見え、あの頼もしい奴に牽引されている幸せを噛みしめる。物哀しい汽笛が鳴るたびに、少しずつ異次元へ入っていくような気がした。

およそ2時間後、水上駅に到着。駅から歩いて5分ほどのところに機関車の方向転換をする転車台があり、じっくり見学する。じっくりしすぎて、あやうく熱中症になりかけた。

水上駅から上越線で渋川駅へ戻り、吾妻線へ。草津や四万など多くの温泉があり、水田と渓谷が美しい路線である。途中、全長7・2mしかない樽沢トンネル（日本一短い）や、木造駅舎が残る川原湯温泉駅があるが、八ツ場《やんば》ダム建設のため2014年9月には営業を終了、いずれは水没してしまう予定だ。（岩島駅〜長野原草津口駅間は新線に切り替えられて営業している）。

長野原草津口駅からは快速「リゾートやまどり」に乗車。座席は3列で、1人分の幅が広く、フットレストもあるデラックス仕様。窓も大きく、ひとり席に深々と腰掛けると自分のためだけの列車のように思える。車内販売がないのが残念ではあるが、ぜひとも酒とアテを買い込んで、ちびりちびりとやりたいところだ（買い込む時間がなかった……涙）。大宮まで3時間弱。定期列車の間をぬうダイヤのため、ゆっくりだ。快速とは〝快〟い〝速〟度。のんびりこそ、臨時列車の味わいどころである。

2014年7月取材

師匠から弟子へ

臨時列車は最高！ SLやリゾート車両

師匠は臨時列車が大好き人間である。師匠が若いころの臨時列車は寄せ集めのボロボロ列車であることが多かったが、現在は満を持して運転されるSL列車やリゾート列車など、乗りたいと思うものばかり。弟子が最後に臨時列車の味わいどころを述べているが、臨時列車に乗る時は酒と肴が必需品だ。身をもって体験したので、次回は大きな袋を手に乗ることだろう。吾妻線もダム建設で新線に切り換えられたため、最後の姿を記憶に留める旅になっただろう。

Vol. 30

通年営業しているリフト

Level：

MISSION

東京都内の通年営業の観光用リフトを探し出し、体験せよ！

【弟子が作った旅程】

新宿駅
11：31
↓京王線・京王高尾線特急
12：20
高尾山口駅
↓徒歩
清滝駅
13：00
↓ケーブルカー（約6分）
高尾山駅
↓※「サル園・野草園」観光
山上駅
14：30ごろ
↓リフト（約12分）
山麓駅
↓徒歩
高尾山口駅
15：00ごろ
↓京王高尾線・京王線特急
↓調布駅で京王相模原線に乗り換え
京王よみうりランド駅
16：00ごろ
↓ゴンドラ「スカイシャトル」
よみうりランド
↓バス
京王よみうりランド駅

リフトといわれて思い浮かべるのは、スキー場の空飛ぶ椅子。簡易的な乗り物ながら、時刻表に記載がある。『JR時刻表』巻頭の「さくいん地図（東京付近拡大図）」に目をこらすと、京王電鉄・高尾山口駅のあたりに「〜〜」の線が2本。「〜〜」は「ケーブルカー・ロープウエイ・リフト」の表示だ。1本は「清滝」と「高尾山」を結ぶケーブルカー、もう1本は「山麓」と「山上」をつなぐリフトの線。鉄道路線の表示に比べると、はかない線だが、巻末には所要時間、片道・往復料金、運転時間（季節によって違う）が書いてある。毎度のことながら、時刻表情報の深淵さに感じ入る。

2月某日、見事な曇天の平日、

ケーブルカーの清滝駅の駅舎は、始発駅らしい風情がある。ホームがすでに上り坂。標高201m。

高尾山駅前の広場にあった乗りものの遊具。こうした遊具と、望遠鏡、顔ハメは、観光地のスパイス。

歩いて登ることもできるが、ふだんはあまり乗らない乗り物を楽しむのも、観光地の醍醐味のひとつだ。

右／60数匹のニホンザルが暮らす。今の時季は発情期で、生まれるのは5〜7月とのこと。赤ちゃんザルに合いたい。左／高尾名物「天狗ドッグ」500円。つい欲張ってケチャップとマスタードをかけすぎる。食べにくい。

高尾山へ向かう。高尾山口駅に降りると驚くほど人が少ない。だが、名物のとろろそばを食べたり、みやげ物屋さんを横目で見たりするうち、レジャー気分が盛り上がってきた。仕事だけど。

ケーブルカーとリフトは、駅の名前は違うが、ほぼ並行して走っている。きっぷ売り場は隣どうしで、往復切符（930円）を買って、往きと帰りで違うものに乗ることも可能だ。売り場近くには金色の北島三郎の銅像があり（『高尾山』という歌があるらしい）、レジャー気分に拍車がかかる。演歌、木刀、提灯は、観光地のマストアイテムといえるだろう。

ケーブルカーが開通したのは、昭和2年（1927）のこと。高低差271m、最も急なところは31度18分と、日本一の急勾配を誇る。最後尾の席に陣取り、その勾

高尾山からの下りのリフトは12分。どことなく、あの世に連れて行かれる気持ちになった。乗降場にあった看板に「リフトの乗り降りには敏速な行動が必要です」。御意。

リフトを降りた「山麓駅」には、使いこまれたキップ入れがあった。その風情ある姿に一礼。

右／よみうりランドのゴンドラは、乗降時にも停止せず、ゆっくり動いている。でも係の方が親切に誘導してくれるので安心。左／ゴンドラはジェットコースター「バンデット」の真横をすり抜けていく。アトラクションのひとつといえる。

配を堪能する。途中、車両が交換できるように線路が2本に分かれるのだが、その曲線具合が美しい。真っ直ぐ山を上っていくので下に延びる線路をいつまでも見ていられる。日本一の勾配を楽しむには、6分はあまりに短い。

到着した高尾山駅の近くには、「サル園・野草園」がある。一瞬迷ったが420円払って入園。客はひとり。熱心にサル山を観察していると、飼育員の方が説明してくださる。孤独を好み仲間との交流を嫌う、早食いのサルは出世しない、マメなサルがモテるなど、我が身を省みる話を多く聞いた。

「リフトの乗り降りには敏速な行動が必要です」

復路はリフトに乗る。ここも客はひとり。係の方と挨拶を交わし、「じゃあここに立って。合図したら座って」と言われて急に不安になる。リフトはかなりなスピードでやってくる。タイミングを合わせられるのか。「ちょ、ちょっと……まず写真撮っていいですか！」と叫び、写真を撮るフリをして気持ちを落ち着かせ、なんとか平常心で腰掛けた。リフトは2人乗り仕様なため、どことなくうら寂しい。つかむ棒もない。支柱を通過する揺れのたび、心臓がすこしずつ縮んでいく。降りるときも「すぐ左に寄ってください」という係員さんの声に、膝をガクガクさせながら、なんとかやり切った。

　もうひとつ、空中散歩といえばゴンドラに乗っておきたかった。ちょうど帰り道、調布で乗り換えた「よみうりランド」には、「スカイシャトル」と呼ばれるゴンドラがある。リフトで縮み上がった心臓を休ませたい。駅から坂をのぼった先に乗り場がある。こちらも客はおらず、6人くらいは乗れそうなゴンドラをひとり独占。スタートダッシュにおののくも、すぐに眼下に絶景が広がる。リフトと違って守られてる感がいい。遊園地を上から眺め、ジェットコースターのすぐ脇を通り、乗降のタイミングにうろたえることもなく、再びレジャー気分が戻ってきた。

　その気分を盛り立てるため、観覧車横にある「丘の湯」へ立ち寄る。露天、壺湯、寝湯、ジェットバス、そして湯上がりにフルーツ牛乳ののち、寝転び座敷でだらだらし、うっかりゴンドラの最終便を逃す。思えば、全力で楽しんで終わってしまった。仕事なのに。

2015年2月取材

師匠から弟子へ

通年営業のリフト＋ゴンドラの旅！

弟子が述べているように、リフトはスキー場の空飛ぶ椅子というイメージだが、高尾や伊豆の行楽地には通年営業のリフトが運行されている。特に高尾山はケーブルカーとリフトが並行しており、往復で違う乗り物を利用できる。高尾山のあれこれを満喫した後、弟子は帰り道によみうりランドへと立ち寄った。総合レジャー施設でミニトリップの疲れを癒やそうという自分勝手な行動だが、実は時刻表では探索できないゴンドラに乗るためであった。お疲れ様！

愉快な乗り物たち

Vol. 31

新交通システムの謎

Level：

MISSION

「新交通システム」に乗り、一般の列車との違いを報告せよ！

【弟子が作った旅程】

日暮里駅
↓日暮里・舎人ライナー
見沼代親水公園駅
↓日暮里・舎人ライナー
舎人公園駅 ＊1
↓日暮里・舎人ライナー
日暮里駅
↓京成本線
ユーカリが丘駅
↓山万ユーカリが丘線
ユーカリが丘駅
↓山万ユーカリが丘線
女子大駅 ＊2
↓山万ユーカリが丘線
ユーカリが丘駅

＊1 地下に潜る車両基地を観察。
＊2 車両基地を観察。

結

解師匠曰く「新交通システムとは、ほかの陸上交通との妨げがなく、無人運転も可能なもののこと。側方案内式と、中央案内式の2種類がある」とのこと。思い出すのは、西武遊園地と西武球場前を結ぶ西武山口線だ。初めて乗ったとき、ゴムタイヤでゴロゴロ走る独特の乗り心地にバスを思った。というか、これは鉄道じゃなくてバスだよね？　と思った。

仕組みとしては、「案内軌条」（鉄道の線路にあたる）に「案内輪」をあてて、ゴムタイヤで走るものだ。専用軌道の両側に案内軌条があって、片側から電気を供給して走るのが「側方案内式」、専用軌道の中央に案内軌条があって下から電気を供給するのが「中央案内

「日暮里・舎人ライナー」の車両基地は地下にある。舎人公園駅から地下へ向かって延びる軌道（網の柵がある方）。

足立小台駅と扇大橋駅間の高速道路をまたぐ軌道。やわらかい飴のように、うねうねしている。一見の価値あり。

日暮里・舎人ライナー

各駅にホームドアが設置されているので、車両の全体像を見ることが難しい。

舎人公園駅の改札。時間によるのかもしれないが、窓口は無人。天気のよい昼下がり、ほんのり漂う不安感。

式」という。

　話が難しくなってきているが、今回は「日暮里・舎人ライナー」（側方案内式・無人運転）と、「山万《やままん》ユーカリが丘線」（中央案内式・ワンマン運転）に乗ろうと思う。

ゴムタイヤで走る
バスのような鉄道

「日暮里・舎人ライナー」は、JR日暮里駅と見沼代親水公園駅を結ぶ路線で、2008年に開業。東京都交通局が運営している。ほぼ尾久橋通りの上空を走っていて、朝のラッシュ時には相当な混雑になるという。

　日暮里駅から、いちばんうしろの席に座る。ここは展望席といってもよいほどの眺めの良い席だ。ドアが閉まり、ゴロゴロと走りだす。やはりバスを思う乗り心地。高架を走るので、高速道路を走る

上／運賃は均一で大人200円。SuicaやPASMOは使えない。どんな券面かと思って一日乗車券を買ってみたらこれ。下／車両は現在、3編成ある。この日乗ったのは「こあら3号」。運転席にはクリスマスの小さなイルミネーション。

始発のユーカリが丘駅のホームには、顔ハメが2つある。相当なコアラ推しであることがわかる。

山万ユーカリが丘線

「女子大駅」の次は「中学校駅」。あまりにもシンプル。女子大駅には車庫がある。整備中の「こあら2号」(右)。

長距離バス、といった感じだ。思えば、この乗り物に運転手はいない。乗っていて「無人運転」を感じることはないが、駅のホームも無人（自動でホームドアが開閉する）、窓口も無人（自動改札の音がやたら大きく響く）を目の当たりにすると、車内の自動音声アナウンスもどこか空恐ろしく聞こえ、いつしか車両が意思を持って好き勝手に走り出すんじゃないかという妄想が浮かぶ。いやいや、ないない、そんなこと。

　後部展望席から軌道を見ていると、かなりの高低差がある区間があるのだが、不思議と乗っていて上り下りを感じることはない。この点、勾配や曲線が苦手な鉄道との違いだろう。また、次の駅が見えるほど駅間が短いが、これも加速減速が鉄道に比べて容易だからこそできることだ。地域に合った交通システムが採用されていることがわかる。

次の「山万ユーカリが丘線」は、ユーカリが丘ニュータウンの中を走る、一周14分の小さな路線で、運営はニュータウンの開発をしている不動産会社「山万」である。開業は1982年。駅は6つ、ニュータウン内のどの家からも徒歩10分以内であるように配置されているという。正真正銘、街に住む人たちのためにつくられた路線で、バスではなく新交通システムを選んだところに会社の気概を感じる。

車両の愛称は「こあら号」。由来は説明不要だろう。丸みを帯びた3両編成が、ゴロゴロと走る。ゴロゴロと走るが、なぜかあまりバスを感じない。路線はラケットのような形をしていて、ラケットの丸い部分は一方向の運行しかない。途中、トンネルがあり、乗ったのがクリスマス前だったためか、トンネル内にイルミネーションが飾られていた。こうした小さな路線の小さな心遣いが、気持ちを穏やかにする。

ニュータウンの住民と、そうでない人と、利用者の割合が他の路線とは違うのだろう。圧倒的に住民の利用が多いはずだ。そうした利用者の偏りは、舞浜の夢の国内を走る路線に近いのかもしれない。

首都圏近郊の新交通システムは他に、「ゆりかもめ」「ニューシャトル伊奈線」「金沢シーサイドライン」「西武山口線レオライナー」がある。鉄道では補えない地域に、それぞれの土地に適したシステムを取り入れているのだ。

2014年12月取材

師匠から弟子へ

ゴロゴロ感がある新交通システム

一般の鉄道は鉄のレールの上を鉄の車輪で走るものだが、新交通と呼ばれるシステムではコンクリートの案内軌条付き道路をゴムタイヤで走るのが一般的。弟子は日暮里・舎人ライナーと山万ユーカリが丘線をセレクトし、走るときのバスのようなゴロゴロを体感している。首都圏には他に4路線あるが、鉄道では輸送量が多すぎてしまうところや地形の関係で鉄道建設が困難なところなど、今後の鉄道建設はモノレールや新交通システムが主役となるのだろう。

Vol. 32

トロッコ列車を探せ

Level：■■□

MISSION

関東地方の私鉄線を走るトロッコ列車を探し出し、乗車せよ！

【弟子が作った旅程】

東京駅
11：54
↓総武線・内房線快速
13：02
五井駅
13：15
↓小湊鉄道
13：42
上総牛久駅
14：02
小湊鉄道
「里山トロッコ5号」
15：03
養老渓谷駅
16：04
↓小湊鉄道
16：11
上総中野駅
16：40
↓いすみ鉄道
17：36
大原駅
17：42
外房線
17：59
上総一ノ宮駅
18：06
↓外房線・総武線快速
19：32
東京駅

※土休日時刻。

3月。師匠から春の便りが届く。「春の行楽シーズンがスタート！時刻表を見ると『トロッコ』の名が付いた列車が運転されている。開放的な車内を吹き抜ける風が心地よく、風景もより身近に楽しめるため、これからの季節にぜひ乗りたい。首都圏を走るもののうち、JR線・第三セクター線以外のトロッコ列車はどれか」。

まずは、首都圏近郊のJR・私鉄・地下鉄全線を網羅した『東京時刻表』の巻頭、「臨時列車ご案内」ページを見る。花見やお祭りの臨時列車が並ぶなか、目に留まったのは小湊鉄道と、わたらせ渓谷鐵道。でも、わたらせ渓谷鐵道は元国鉄・足尾線だった第三セクター線だから、正解は小湊鉄道の

右／上総牛久駅の「里山トロッコ」号。煙は出ないものの、堂々たる体軀。ぴかぴかのあまり、胴体にお客さんが映る。上／客車は4両とも天井がガラス張り。里山のやわらかな日差しが、さんさんと差し込む。

「関東の駅百選」に選ばれた上総鶴舞駅。駅舎の風情はもちろん、花がたくさん植えられているのがいい。

小湊鉄道といすみ鉄道を乗り継ぐには「房総横断記念乗車券」1700円がお得。硬券ではないが記念にしたい。

上総牛久駅で、駅員さんがタブレット（列車交換時に運転士に渡す通行票）を持っていた。思わずズームで撮影。

「里山トロッコ」と判断した。さっそく、春爛漫《はるらんまん》の房総半島へ出発。

小湊鉄道は、JR内房線五井駅から房総半島中心部へと延びる路線だ。終点の上総中野駅は、いすみ鉄道との接続駅でもある。ふだんはクリーム色と朱色の気動車がのんびり走っているが、2015年11月から上総牛久駅〜養老渓谷駅でトロッコ列車を運行開始。蒸気機関車を模したディーゼル機関車が、トロッコ車両4両を牽引し、18・5キロを約60分かけて走っている。

里山って こういうところなんだ

「里山トロッコ」の乗車駅である上総牛久駅に到着すると、すでに列車はスタンバイしていた。「蒸気機関車を模したディーゼル機関車」という珍しい車両は、思った

菜の花で覆われた土手の上をゆく。花のにおいが鼻をくすぐる。自然と乗客は笑顔に。その極楽列車を撮影する沿線の人。

途中、唯一の停車駅である里見駅では、ホームに売店が出店。小湊鉄道グッズや地元の銘品を販売。

終点の上総中野駅。好きな駅のひとつ。とくに夕暮れ時は、風情あり。駅前には何もない。

右／養老渓谷駅併設の足湯。駅でタオル（100円）を販売している。左／同駅のきっぷ売り場。今でも大事に使われている。

以上に蒸気機関車で、新造されたばかりでぴかぴかに輝いている。小湊鉄道開業当時に活躍していた蒸気機関車をモチーフに、クリーンディーゼルを搭載しているとのこと。普通の機関車ではなく、わざわざSL風にする温故知新の精神が素晴らしい。

　客車は、窓付き（2両）と窓なし（展望車・2両）があり、今回は窓なしの展望車に乗った。列車はとてもゆっくり、ガタゴトガタゴト走るので、体に感じる風はゆるやかだ。乗客は、思い思いに弁当を広げる。この列車に似合うのはたぶん、山菜おにぎりとほうじ茶だ。斜め向かいのお父さんは、缶ビールを片手に極楽顔。もちろんビールも似合う。わたしも飲みたい（忘れがちだが一応仕事なので我慢する）。ときどき鈍い汽笛が鳴り響き、山にこだまする。沿線は菜の花が満開で、ときどきネコヤナギ。世界には春の光がまんべんなく降り注ぎ、ただの田畑がこの上なく美しく見える。里山の見本のような風景だ。

列車は超低速なため、丹精を尽くした小さな畑や、使いやすいように改良したらしき農機具、長年使いこまれた道具たちまでが目に入ってくる。菜の花の香りも漂ってくる。ひとつひとつの風景を大事に見ていると、時が経つのが速い。缶ビールのお父さんは2本目を開けている。

終点に近づいたころ、トンネル内で車内の明かりが突如消えた。それまでの穏やかなレジャー感から急転直下、ぎゃーーっと絶叫する子供たち。急に暗闇になって目が慣れず、しばらく何も見えない状態が続き、風の音だけが車内に響く。シンプルだがおもしろい仕掛けだった。

養老渓谷駅に到着すると、折り返しの列車に乗る乗客が大勢並んでいた。夕暮れが迫るトロッコ列車もきっと素敵だろうと思う。駅には、足湯が併設されていて、ちょうど足元が冷えていたのでありがたい（トロッコ列車は下半分が格子になっていて風が通る。夏以外は膝掛けがあるとよい）。足湯は鉄道利用者は無料なので、トロッコ列車の後にぜひおすすめだ。

※「里山トロッコ」は乗車券の他に整理券500円が必要。乗車2日前までに、小湊鉄道のHPか予約専用ダイヤル0436・23・5584（10〜16時）で要予約。冬季休業あり。

2016年3月取材

師匠から弟子へ

開放感が抜群！トロッコ列車の旅

窓がない開放感にあふれるトロッコ列車は、子供たちに人気の的となっている。トロッコ列車に乗ると、小さな子供を連れた家族連れが多いことに気づく。特に小湊鉄道は蒸気機関車もどきが牽引するミニ列車風なので、親しみやすいのだろう。もちろん、師匠の世代も地酒と肴を手に乗りたいと思う列車であり、弟子に続いて乗ってきた。途中駅には地元の方の臨時売店があり、ビールや肴も調達できたのは幸運！車窓の風景と爽やかな風が心地よかった。

身近な鉄道豆知識

Vol. 33

路線図にない路線に乗る

Level：

MISSION

時刻表の路線図に載っていない路線に乗り、謎を解き明かせ！

立川駅
10：03
↓中央線・武蔵野線「むさしの号」＊1
10：48
大宮駅
11：08
↓埼京線
11：17
中浦和駅＊2
12：16
↓埼京線
12：18
武蔵浦和駅
12：31
↓武蔵野線
13：02
新松戸駅＊3
14：01
↓武蔵野線
14：30
南浦和駅
14：35
↓京浜東北線
14：40
北浦和駅＊4
15：20
↓京浜東北線
15：30
大宮駅
15：42
↓湘南新宿ライン＊5
16：27
大崎駅

＊1 中央線の西国分寺駅の手前から武蔵野線へ入る地下トンネルに注目。西浦和駅を通過すると、分岐を左手に進行。中浦和駅の下を通ってトンネルを抜けるとそこは東北本線。

＊2 中浦和・西浦和・武蔵浦和の各駅に囲まれた三角線を探索。

＊3 常磐線・流鉄流山線幸谷駅界隈に武蔵野線から常磐線に入る貨物線を探索。

＊4 北浦和駅の300m北側にあるトンネル出口（武蔵野線〜東北本線）を探索。

＊5 大宮〜赤羽間・赤羽〜池袋間・大崎〜西大井間は元貨物線を走行。

いつになく師匠の指令が難解だった。曰く「湘南新宿ラインの逗子行きに乗った場合、大崎駅の次は西大井駅に停車。だが、時刻表巻頭のさくいん地図を見ると、大崎の次は品川。どうやって西大井に行くのか考えると夜も眠れません。そうした首都圏のミステリーな区間を確かめてきてください」。路線も謎、師匠の指令も謎だが、とりあえず立川駅へ降り立った。

師匠指定の「むさしの号」は、休日の臨時列車のような響きだが、じつは平日も走っている。立川駅と大宮駅を結ぶ列車で、まずはそのルートが謎。立川駅のアナウンスは「この列車は中央線の駅にはいっさい停まりません！」と執拗《しつよう》に繰り返している。

Ⓑ中浦和駅西口から見上げたところ。上は新幹線（通過）と埼京線の線路、下は西浦和方面からやってきた貨物線。Ⓒこの貨物線がしばらく北へ進むと地下へもぐる。遠くに見える高架駅が中浦和駅。

Ⓓ中浦和駅近くでもぐった貨物線（Ⓒ）は、北浦和駅の北方で地上へ出る。ちょうど出口が見えるポイントに歩道橋あり。

Ⓐ中浦和駅近く。右は武蔵浦和方面からの貨物線、左は西浦和方面からの貨物線。合流地点間近のポイント。

立川を出発すると国立を通過、西国分寺の手前から地下へともぐり武蔵野線と合流する。正確には新小平までは貨物支線で、トンネルの照明も暗くミステリートレインの風情だ。新秋津、東所沢、新座、北朝霞に停車、西浦和を通過すると武蔵野線本線からはずれて貨物線に入り、高架駅の中浦和の下をくぐる（Ⓑ）。すぐに地下に入り（Ⓒ）、北浦和近くで地上に出て（Ⓓ）、東北本線に合流する。与野、さいたま新都心を通過、終点の大宮へ到着。

中央線～（貨物線）～武蔵野線～（貨物線）～東北本線のルートで約45分。日常にひそむミステリーに触れた気がした。

このミステリーのミステリーたる所以《ゆえん》は、武蔵野線と貨物線にある。中浦和駅近くの、武蔵野線本線と二方向からの貨物線が形づく

Ⓗ駅近くの歩道橋から高架の横須賀線を見る。成田エクスプレスと横須賀線が行き違う。上の路線は東海道新幹線。

Ⓔ右が常磐線、左の高架が武蔵野線の貨物線。貨物線へと続く錆びた階段に上ってみたかった。どんな風景が広がっているだろうか。

Ⓕ貨物線が2方向に分かれるところの真下を車道がくぐる。下からじゃよくわからず、空から眺めてみたいと切実に思った。Ⓖ武蔵野線新松戸駅にて。ガソリン専用の貨車、タキ1000形。鮮やかな青のタンクが目の前を走り抜けていった。

る見事な三角地帯（中浦和駅地図参照）、北浦和駅近くの貨物線が地下から顔を出す地点（Ⓓ）をこの目で確認し、さらに貨物列車の通過に遭遇すると、その武骨な音と姿に手を振りたくなった。

　さらに武蔵野線をたどり、南流山駅〜新松戸駅間で分岐して（Ⓕ）、常磐線と合流するポイント（Ⓔ）を確認する。

気づかないところで分岐と合流をくり返す

　最後に大崎駅。西口近くの歩道橋に立つと、目の前に東海道新幹線、その下に横須賀線（Ⓗ）、地上にりんかい線と湘南新宿ライン、左うしろに山手線が見える。ここで混乱するのが、品川方面からきた高架の横須賀線と、地上を走る湘南新宿ラインが別の線路だということだ。横須賀線の駅である西大井駅に停車する湘南新宿ラインは、横須賀線を走っているはずなのに。

答えは、高架の横須賀線と、地上の（横須賀線経由であるはずの）湘南新宿ラインは、こののち、東急大井町線の下神明駅付近で合流し同じ路線となる。つまり、大崎駅から合流地点まで約2キロの支線を湘南新宿ラインは走っている。この短い支線はさくいん地図には載らないため、悩みの種となるのだった。

鉄道は川の流れに似ている。分岐と合流を繰り返し、ときに暗渠《あんきょ》となって地下を走っているのだ。

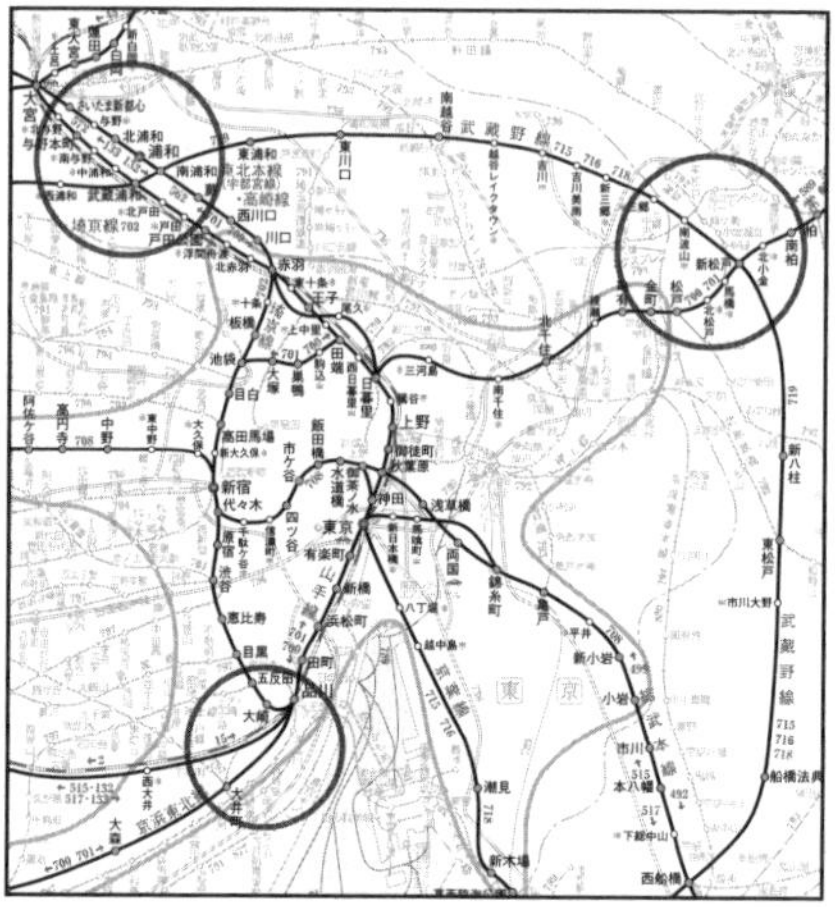

『JR時刻表』のさくいん地図（拡大図）より。「おさんぽ川越号」「水戸梅まつり号」などの休日に走る臨時快速は、貨物線を走ることが多い。

2014年1月取材

師匠から弟子へ

路線図にない貨物線を走る列車

『JR時刻表』の巻頭さくいんに路線図が表示されているが、どう見ても時刻表の本文と合わない部分がある。大崎駅の次は品川駅だが、湘南新宿ラインの電車は品川駅を通らずに西大井駅に到着する。貨物線として建設された路線を通過するため、旅客線を表示する路線図には掲載されていないという訳だ。本来は貨物線としての役割が大きい武蔵野線や、今は湘南新宿ラインが走る山手貨物線など、路線図にはない各方面への抜け道があることがわかる。

身近な鉄道豆知識

Vol. 34

下りは通過、上りは停車の謎

Level :

MISSION

南武線から中央線や青梅線に直通する臨時列車が、下り列車のみ立川駅を通過するのはなぜか。線路配置の秘密を探れ！

【 弟子が作った旅程 】

新宿駅
10：37
↓青梅特快＊1
11：06
西立川駅
↓徒歩＊2
立川駅
12：28
↓青梅線
12：39
拝島駅
12：52
↓八高線
13：13
東飯能駅
13：16
↓西武池袋線・秩父線
14：02
西武秩父駅
↓＊3
西武秩父駅
15：25
↓西武線 特急「ちちぶ」＊4
16：44
池袋駅

＊1 立川駅の到着番線確認。
＊2 徒歩で中央線と青梅線の合流地点へ。青梅短絡線を確認。
＊3 徒歩で秩父鉄道御花畑駅へ。クロス線路を確認。
＊4 飯能駅でのスイッチバックに注意。

鉄道の豆知識は、えてして重箱の隅をつつくような細かさがある。前提となる謎がどうして謎なのかがわからない場合も多い。今回のミッションがまさしくそうだ。師匠から届いたミッションを3回読んでみたものの、よくわからない。

まとめると「南武線から中央線や青梅線に直通する臨時列車が、下り列車に限って立川駅を通過するのはなぜか」ということ。そこで時刻表の黄色いページ、臨時列車の項を見る。川崎から南武線・青梅線経由で奥多摩までを往復する臨時列車としては、快速「お座敷みたけ清流号」がある。立川で南武線と青梅線がつながるが、たしかに下りは立川を通過、上りは停車している。なぜか。とりあえ

上／西立川駅。青梅短絡線からの下り列車が近づいてきたところ。すぐ左の線路は、立川始発の下りの線路。下／立川始発の青梅線は、中央・青梅線直通列車と発車番線が違う。立川始発の下り列車は、青梅線本線を走る。

青梅短絡線を走る列車の一番前からの眺め。急にローカル感が出てくるのが楽しい。

立川駅から歩いて10分ほど、青梅短絡線と中央線がクロスする水道前踏切付近。短絡線のほうが、高いところを走っている。複線の中央線はどんどん列車が走り抜けるのに比べて、単線の短絡線の静かなこと。

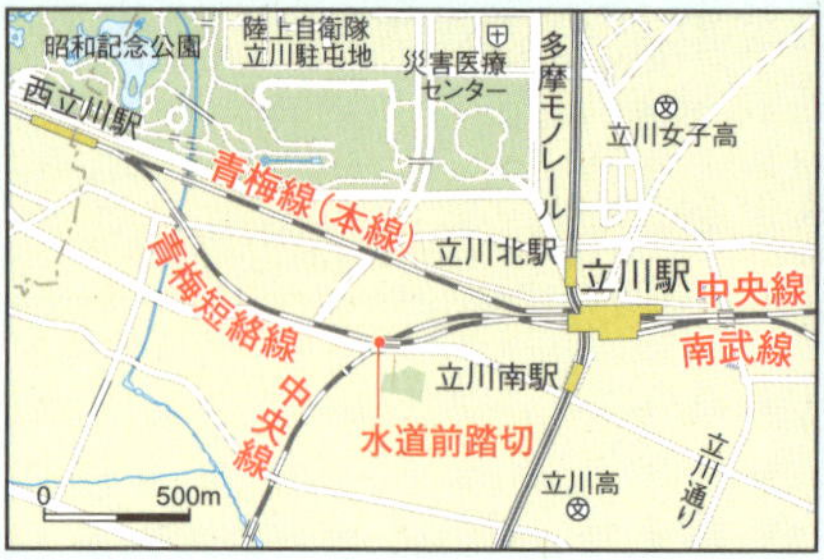

ず立川駅へ行ってみる。

違う路線に乗り入れる分岐のいろいろ

来てみて気づくのは、東京からの中央・青梅線直通の電車は、立川と西立川の一駅の間、上りと下りで走るルートが違うということだ。注目したいのは、下りが走るルート。青梅線の本線から南に大きくカーブしていて、「青梅短絡線」と呼ばれる（上の地図参照）。このルートを通るのは、中央・青梅線直通運転の下りと、南武・青梅線直通列車（臨時列車や貨物列車）だ。トクベツ感があふれる。

いざこのルートを通ってみると、立川駅を出発してすぐ、大きく揺れてポイントを通過、急に単線になる。徐々に上り坂になり、木々が迫って視界が狭まり、列車はスピードをあげて緑のトンネルを抜

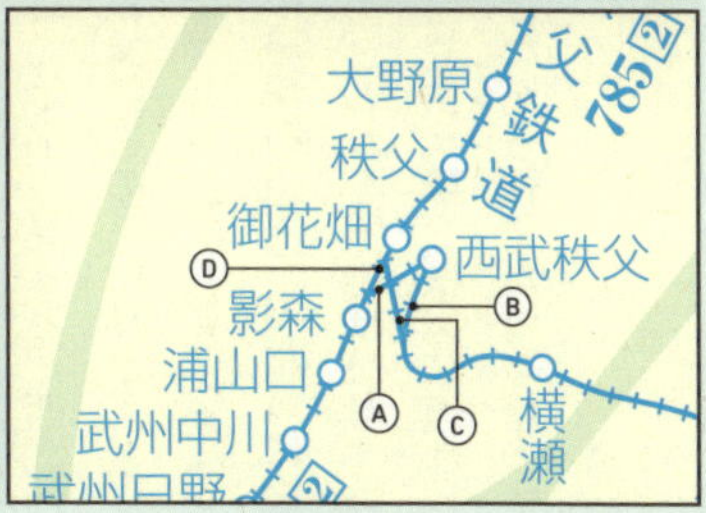

右／秩父鉄道の御花畑駅から、西武秩父駅を望む。見事なクロス線路。左／西武秩父駅から横瀬方面を見る。西武鉄道と秩父鉄道では、路盤の高さが違う。

上／御花畑駅で線路に熱中していたら、突如SLパレオエクスプレスがやってきた。びっくりした。下／帰りは、特急「ちちぶ」。途中、飯能駅でスイッチバックがあり、進行方向が逆になる。

立川から青梅線・八高線を使うと秩父までは意外に近い。山を越えた先にある隠れ里だ。

けていく。西立川駅に着くと、ドアの開閉が押しボタン式になり、ずいぶん遠くへ来た気分になった。

向かいのホームから上り列車で再び立川へ。上りは本線を走り、線路はほぼ直線。発車してすぐ、立川駅が見えるくらいだ。また先ほどより明らかに速い。青梅「短絡」線とはいえ本線より約200メートル長いのだ。

たった一駅なのに、上りと下りで通る線路が違い、しかも車窓がまったく違うという贅沢。平日の昼間に先頭車両に乗って行ったり来たりしている物好きは自分くらいと思いきや、同じ行程をたどっているサラリーマンらしき男性がいた。同志。――という発見はあったが、肝心の師匠の問いの答えがわからない。後日、教えを請う。

まず南武線から青梅線に直通する場合、立川駅で中央線の線路と交わるのだが、運転本数の多い中央線の線路を横断するわけにはいかないので、高架である短絡線を走る。さらに駅の構造上、南武線↓青梅線の下り直通はダイヤによっては停車して短絡線に出られるが、南武線↓中央線の下り直通は、ホームに立ち寄れない。つまり、立川駅の線路配置によるわけだ。こうしてみると、この駅のジャンクション的役割が際立つ。いつもの駅がすこし違ってみえてきた。

　次に秩父へ向かう。時刻表のさくいん地図を見ると、西武秩父駅と秩父鉄道のあたりが、どうもごちゃごちゃしている（159ページの路線図参照）のが気になったため。これを実地検証してみる。

　西武秩父線と秩父鉄道は、違う会社ながら線路がつながっている。時刻表の巻末「JRバス&会社線」の秩父鉄道の項を見ると、西武鉄道乗り入れ列車の時刻も掲載されているのだ。

　西武秩父駅に降りて周辺の線路を見ると、線路が複雑に分岐している。西武線と秩父鉄道をつなぐようにクロスしているのだ。秩父鉄道の御花畑駅のほうへ歩いていくと、さらにわかりやすくクロスしている。時刻表のさくいん地図が、妙に細かいところまで再現していることに驚く。

　ふだん何も考えずに電車に乗っているが、違う路線に乗り入れることができるのは、この複雑な線路の分岐を誰かが考え、そして事故がないように運用しているからこそだ。便利さの陰には、細かい鉄道運行の妙技がある。

2014年8月取材

師匠から弟子へ

駅の線路配置が列車の運行に制約！

　古くから南武線と青梅線を結ぶ貨物列車が運行されているため、立川駅の西側に中央線をまたぐ青梅短絡線がある。立川駅の7・8番線は南武線専用のホームだが、折り返し列車が停車しているため臨時列車が入れない時間帯もある。そこで、貨物列車が通過するホームのない線路を通すことで、定期列車の時刻に影響なく運行が可能となる。上り列車は中央線のホームから南武線に入れるため停車が可能で、駅構内の線路配置とホームの有無がポイントとなる。

身近な鉄道豆知識

Vol. 35

鉄道界の〝ナンバーワン〟

Level：

MISSION

首都圏の鉄道に関する〝日本一〟を探し出し、報告せよ！

【弟子が作った旅程】

品川駅
10：47
↓京急本線、都営浅草線、京成押上線・本線（直通）
11：24
京成高砂駅
11：32
↓京成本線
12：21
京成成田駅
12：32
↓京成東成田線、芝山鉄道（直通）
12：41
芝山千代田駅
12：57
↓芝山鉄道
13：00
東成田駅
↓徒歩
空港第2ビル駅
13：59
↓成田線
14：08
成田駅
14：41
↓成田線
15：12
佐原駅
15：55
↓成田線・鹿島線（直通）
16：18
鹿島神宮駅
16：22
↓鹿島線、鹿島臨海鉄道（直通）
16：34
長者ケ浜潮騒はまなす公園前駅
16：43
↓鹿島臨海鉄道、鹿島線（直通）
16：54
鹿島神宮駅
17：10
↓バス
19：50ごろ
東京駅

結解師匠曰く「首都圏エリアの鉄道ナンバーワン候補を探してくるように。たとえば芝山鉄道とか」。

さっそく『JR時刻表』の巻末「JRバス&会社線」の芝山鉄道の項を見てみると、「東成田」「芝山千代田」の二駅しかない。営業キロ2・2キロ、運賃200円、駅数二の「日本でいちばん短い鉄道」である。注記欄には「京成電鉄・都営地下鉄浅草線・京浜急行電鉄と相互乗り入れ」とある。そもそもどこを走っている路線なのか。駅名から成田空港の周辺というのは予想できるが乗ってみなくてはわからない。まずは品川駅へ。

ルートは、品川から京急本線で泉岳寺、都営浅草線に乗り入れて押上、さらに京成線に乗り入れて

京成成田駅から芝山鉄道直通、芝山千代田行きが出ている。およそ1時間に2本の割合。

芝山千代田駅前にある顔ハメ。近隣には遺跡がたくさんあって埴輪が出土し、はにわ博物館もある。古代人と鉄道のミスマッチがいい。

芝山千代田駅の券売機で買えるのは、京成線内まで。460円は京成成田駅までの運賃。

芝山千代田駅前にある謎のオブジェ群。タイトルは「離陸」。時代と常識を超越した作品。

東成田、そこから芝山鉄道で一駅、芝山千代田に到着する。「1列車で4社をまたぐ」ことも、ナンバーワン候補だ。

一方で、線路はつながっていても、京急の品川駅では芝山千代田駅までのきっぷを買うことはできない。「東成田駅まで買っていただいて、芝山千代田駅での精算となります」と駅員さんに言われる。さすがに4社分の料金は一度に払えないということだろうか。品川駅から途中2回乗り換え、約2時間で芝山千代田駅に到着した。

芝山千代田駅は高架駅で、空港に隣接しているため、駅のホームから比較的間近に飛行機が見える。終着駅らしく線路が空中で途切れ、〝ハテ〟感が漂う。改札を出るときに東成田からの運賃200円を払った（なかなか高い）。駅周辺にはとくに何もない。

東成田駅を探索

①改札を出たところの広大な待合スペース。「曲水の宴」と題されたレリーフの壁画がある。②地上へ出る階段にかかる、かつての混雑が想像できる注意書き。いまは並ぶ人もいない。③空港第２ビル駅へつながる地下道は500m。途中で直角に曲がる。随所に監視カメラが。

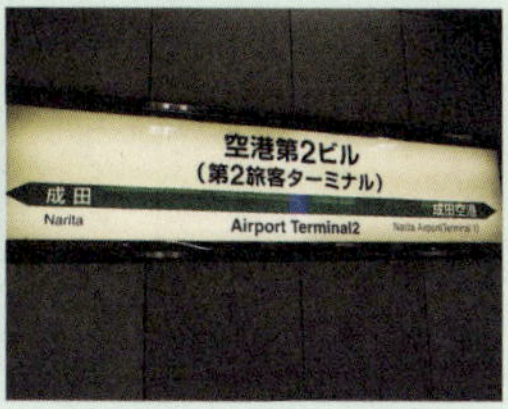

右／全JR駅のなかで、唯一駅名に漢数字ではなく算用数字が使われている。左／空港第２ビル駅では、京成線とJR線の改札が並ぶ。京成は青、JRは赤がイメージカラー。

高さが180cmほどありそうな、巨大な駅名表示板。平仮名だとかえって読みにくい。

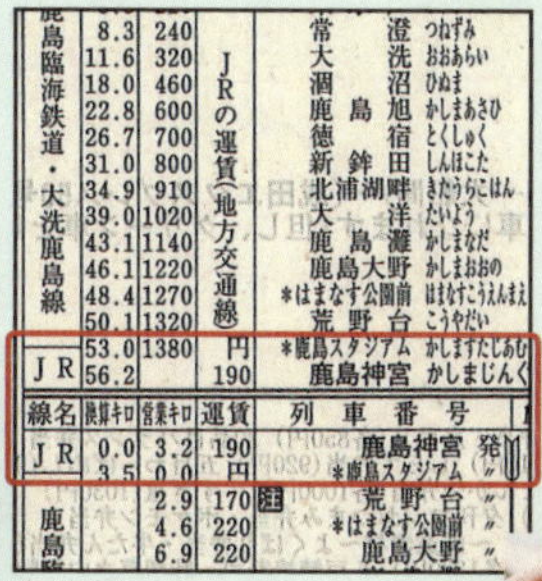

鹿島臨海鉄道・大洗鹿島線	8.3	240	JRの運賃(地方交通線)	常澄	つねずみ
	11.6	320		大洗	おおあらい
	18.0	460		涸沼	ひぬま
	22.8	600		鹿島旭	かしまあさひ
	26.7	700		徳宿	とくしゅく
	31.0	800		新鉾田	しんほこた
	34.9	910		北浦湖畔	きたうらこはん
	39.0	1020		大洋	たいよう
	43.1	1140		鹿島灘	かしまなだ
	46.1	1220		鹿島大野	かしまおおの
	48.4	1270		*はまなす公園前	はまなすこうえんまえ
	50.1	1320		荒野台	こうやだい
	53.0	1380	円	*鹿島スタジアム	かしますたじあむ
JR	56.2		190	鹿島神宮	かしまじんぐ

線名	換算キロ	営業キロ	運賃	列車番号	
JR	0.0	3.2	190	鹿島神宮	発
	3.5	0.0	円	*鹿島スタジアム	〃
鹿島臨		2.9	170	荒野台	〃
		4.6	220	*はまなす公園前	〃
		6.9	220	鹿島大野	〃

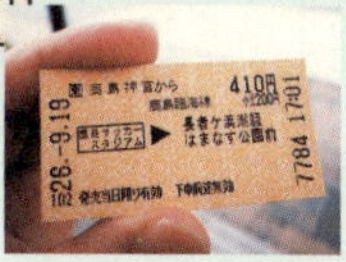

右／鹿島神宮駅で買った鹿島臨海鉄道の切符は、鹿島サッカースタジアム駅からの表示。左／鹿島臨海鉄道では、ＪＲ１９０円＋鹿島臨海鉄道の運賃、となる。ＪＲ分を避けては通れない。

空港アクセスの歴史を振り返る

折り返し、東成田駅へ。空港敷地内を走るためか警察官が乗車していて、車内はすいているのに緊張感がある。芝山千代田〜東成田間はほとんど地下で乗車時間は３分。あまりにあっけない。東成田駅に降り立つと、その仄暗《ほのぐら》さと人けのなさに身が引き締まる。

この駅は、もともと空港最寄りの「成田空港駅」として開業した。１９７８年のことだ。とはいえターミナルからは微妙に遠く、空港利用者は駅からバスに乗り継いでいた。ようやく京成の空港ターミナルへの乗り入れがかなったのが91年。そして旧成田空港駅は、東成田駅に改称された。

そんなわけで、現在の東成田駅には現役を退いた遺構的な風情が随所にある。使われていないホームには「なりたくうこう」の駅名表示板、東京の電話番号が9ケタだったころの広告などがいまだに残る。駅全体のつくりが、たくさん人が集まることを想定されているが、今はその余裕が虚《むな》しい。個人的にはかつての栄華の残り香を隅々まで嗅いで、とても満ち足りた気持ちになった。東成田、いつまでもこのままでいてほしい。

　現在の空港アクセスの主役は「成田空港駅」(第1旅客ターミナル)と、「空港第2ビル駅」(第2旅客ターミナル)だ。東成田駅改札すぐのところには、「空港第2ビル駅」への通路がある。同じ会社線の駅に歩いて行ける通路があるという珍しい例だ。500m歩いて空港第2ビル駅に出ると、世界は明るく人がたくさん行き交っていて、気持ちが緩んだ。

　空港第2ビル駅からはJR線に乗り、成田線・鹿島線を経て鹿島神宮駅へ。注目するのは鹿島神宮駅を始発とする鹿島臨海鉄道の大洗鹿島線。鹿島神宮駅から臨時駅の鹿島サッカースタジアム駅の一駅区間はJR線のため、二重に料金を払わねばならない珍しい区間だ。「鹿島サッカースタジアム駅」はサッカー開催日しか営業しない極端に営業日が少ない駅。また途中駅の「長者ケ浜潮騒はまなす公園前駅」は、読み仮名が22文字と日本一長い駅名として知られる(南阿蘇鉄道高森線の「南阿蘇水の生まれる里白水高原駅」と同列首位)。日本一&珍スポット巡りで一日が終わる。充実感この上なし。

2014年9月取材

師匠から弟子へ

鉄道のあれこれ ナンバーワンとは？

日本一短い鉄道路線や日本一長い鉄道の駅名（ひらがな）など、首都圏にも鉄道界でナンバーワンといえる候補がいくつかある。かつて和歌山県にある紀州鉄道が日本一短い鉄道路線であったが、突如として途中駅のない一区間だけの鉄道会社が出現。京成線や都営地下鉄線、はたまた京急線にまで直通運転するので実感はわかない。単独感では紀州鉄道に軍配が上がると思う。そして、旧空港連絡駅の東成田駅は、必見の鉄道スポットに数えられている。

身近な鉄道豆知識

Vol. 36

「新」がつく駅とつかない駅

Level：

MISSION

首都圏の「新」がつく駅を探し出し、現地でおもしろネタを探せ！

【弟子が作った旅程】

東海道新幹線・JR横浜線新横浜駅
↓横浜線で八王子駅、中央線に乗り換え西国分寺駅、武蔵野線に乗り換え
JR武蔵野線新秋津駅
↓徒歩5分
西武池袋線秋津駅
↓西武池袋線で約25分
西武池袋線江古田駅
↓徒歩10分
都営大江戸線新江古田駅

路線図が好きだ。舐《な》めるように駅をたどっていけば、知らず知らずに時が過ぎ去る。駅名を音読するのもいい。思いもよらない美しい響きに気づいたりする。東京近郊の駅名で多いのが、地名の前に「方角」（東・西・南・北）や「新」が付いて、本家との差別化を図るものだ。たとえば「浦和」。東浦和、西浦和、南浦和、北浦和だけでは飽き足らず、武蔵浦和、中浦和まである。音読するにはいささかしつこい。本家の浦和と中浦和ではどちらが中心なのか。そんなことを考えるうち時が過ぎ去る。

今回のミッションは「〝新〟がつく駅」。師匠曰く、東海道新幹線が開業したとき、「新横浜」「新大阪」など、在来線の「横浜」「大

上／新横浜駅北口。地上19階建ての駅ビルがそびえ立つ。横浜アリーナまで徒歩5分。下／住所が新横浜の区画は、ほぼ碁盤の目だ（右上の地図参照）。

新横浜駅

右／新横浜駅篠原口。北口との風景の差に驚く。こぢんまりとした階段の向こうに見える新幹線。左／新幹線の高架で住所が分かれる。篠原町には畑も残っている。

阪」と位置的に離れているが、新たな街を代表する駅として「新」がつけられた。その後、元の駅からの方位だけでなく、「新」の頭文字をつけた駅名が数多く誕生した、とのこと。まずは、師匠イチオシの新横浜駅へ向かう。

　新横浜駅は1964年、東海道新幹線開通時に、新幹線とJR横浜線の線路が交わるところにできた。それまでは広大な田園地帯だったという。線路が交わるというだけで、水田の中に突如、駅ができたわけだ。そんな〝駅ありきの街〟の様子は、現在の地図を見てもわかる。駅名は住所にもなっていて、駅北口の新横浜1丁目～3丁目は、区画整理された町並みだ。一方、新幹線の線路をはさんだ篠原口方面は道がうねうねと入り組んでいる。歩いてみると、北口はビジネス街、篠原口は緑が多い住

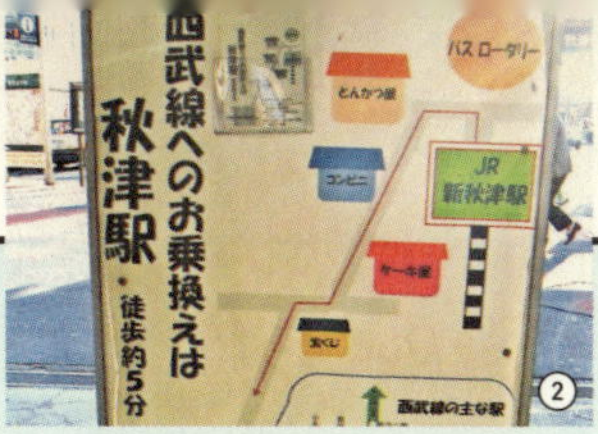

新秋津駅 → 秋津駅

①武蔵野線新秋津駅は1973年開業。東村山市内唯一のJRの駅である。②改札を出てすぐの西武線への乗り換え案内板。手づくり感満載。③駅間をつなぐ商店街。コンビニやドラッグストアなどが並ぶ。④西武池袋線秋津駅は大正６年(1917)開業。東村山市、清瀬市、埼玉県所沢市と接している。

秋津神社裏から、貨物線を見下ろす。ちょうどトンネルから出たところ。この隠れ家感がたまらなく良い。

江古田駅 → 新江古田駅

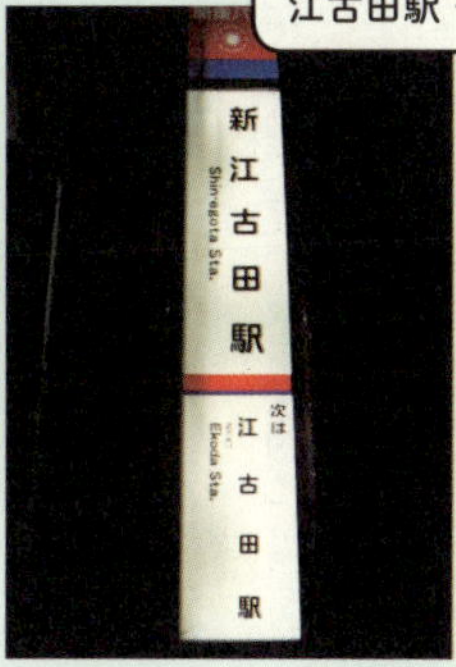

右／ふたつの駅の間にあるバス停。ローマ字で読み仮名も表記。左／新江古田駅の改札そばにある広報スタンドは両方の区のものが。

西武池袋線江古田駅は「えこだ」(上)、都営大江戸線新江古田駅は「しんえごた」(下)。駅は新江古田のほうが新しいが、歴史的な地名の由来は江古田（えこだ）のほうが新しい。

宅地と、おもしろいほどにくっきり分かれている。同じ駅とは思えぬ風景の違いを楽しんだ。

つかず離れずの駅と歴史のいたずらの駅

次に向かうのは、武蔵野線・新秋津駅（武蔵野線は、「新」や「方角」がついた駅名の宝庫である）。西武池袋線・秋津駅とは、徒歩で5分ほど離れている。地図で見ると、ふたつの線路は交わっているので、ホームの位置をずらすなどして連絡通路をつくればよさそうなものだが、現状はいくつか曲がり角のある屋根がない商店街を歩くことになる。以前、通勤時間帯に通ったことがあるが、乗り換えの人々が急ぎ足で行き来していて殺気立っていた。乗り換え客と、地元の買い物客で、昼夜問わずにぎわっている通りだ。

　このように、旅客では線路がつながっていないが、じつは貨物ではJRと西武鉄道はつながっている。JR新秋津駅近く秋津神社の裏に、ひっそりと単線の線路がある。西武鉄道が貨物輸送をしていたころの名残であるが、現在では甲種輸送（車両を貨物列車扱いで運ぶこと）に使われている。たとえば、西武多摩川線（武蔵境〜是政）は西武の他の路線と接していないため、自社の工場で車両検査を受ける場合、JR中央線から武蔵野線を経由し、新秋津から西武線の線路へ入るのだ。もしかしたら貴重な眺めが見られるかもしれないと思いしばらく待ってみたが、工場行きの車両は通らなかった。

　最後は、「江古田」と「新江古田」だ。西武池袋線・江古田駅は練馬区旭丘にあり「えこだ」。都営大江戸線・新江古田駅は中野区江原町にあり「しんえごた」。読み方が違う上に、どちらも住所は江古田ではないという細かい話だ。

　新江古田駅から少し南に中野区江古田という地名があり、江戸時代の江古田村が由来で、中野区では「えごた」と読む。練馬区の江古田は、江古田村の新田開発に始まり、江古田新田が由来と言われる。現代では、元の江古田村に近い方に「新」が付いているのが歴史のおもしろいところだ。ふたつの駅間は歩いて10分ほどで、中野区と練馬区の境だが、区をまたぐと急に読みが変わるわけではない。

　今回の駅巡りは、思いがけず歴史散歩になった。鉄道は街の成り立ちと密接に結びついている。

2014年10月取材

師匠から弟子へ

駅名に「新」がつく駅名誕生の秘密とは？

東海道新幹線開業時、街の中心部を通らないため、当時の国鉄は新駅の名前に苦慮したことだろう。横浜駅や大阪駅から見た方位を表して北横浜駅、東大阪駅としてもなじみがなく、どこだかわからない。そこでつけられたのが「新」の文字だが、新幹線の新とも、新しい市街地の新とも取れる便利なものだ。また、昔からある大半の駅名は所在地の町村名に由来しているが、弟子は「新」の文字とともに駅名のおもしろさを調べ上げてきているのは流石《さすが》だ。

身近な鉄道豆知識

Vol. 37

明治時代の鉄道の面影探し

Level :

MISSION

明治5年（1872）、日本最初の鉄道が開業した新橋〜横浜間をたどり、歴史を刻んだ名所旧跡や記念碑を探せ！

【弟子が作った旅程】

☆＝新橋〜横浜間開業時の駅

☆新橋駅（現・汐留駅跡）
明治5年（1872）10月14日開業
↓
☆品川駅
明治5年6月12日開業
↓
大森駅
※大森貝塚の碑を確認
↓
☆川崎駅
明治5年7月10日開業
↓
☆鶴見駅
明治5年10月15日開業
↓
☆神奈川駅
明治5年7月10日開業、
昭和3年（1928）10月15日廃止
↓
☆横浜駅（現・桜木町駅）
明治5年6月12日開業、
大正4年（1915）桜木町駅に改称

10月14日は鉄道の日だ。「鉄道の日」とは、明治5年（1872）10月14日、新橋〜横浜間に日本初の鉄道が開通したことを記念した日である。（正確には当年末まで旧暦だったので9月12日だが、煩雑なため、ここでは新暦で通す。）毎年、日比谷公園で鉄道フェスティバルが開かれたり、全国的に鉄道各社が趣向を凝らしたイベントを開催したりする。つまり10月は鉄道界が華やぐのだが、そのようなときにこそ初心に帰り、新橋駅から横浜駅をたどって開業当時の遺構を探してみたい。

まずは起点である新橋駅へ。当時の新橋駅の位置は、現在シオサイトと呼ばれる高層ビル群の中だ。どちらかといえば、地下鉄大江戸

新橋駅（現・汐留駅跡）

右／再現された旧新橋停車場。鉄道開業の前年に完成した駅舎は木骨石張りの構造といわれる。当時としては珍しい西洋建築だった。左／右の写真の裏側にあるプラットホーム。全長151.5mだったが25mが再現されている。

品川駅

①5・6番線ホームの130周年モニュメントの上部。工事中のため全体像はつかめず。②東海道線湘南電車風ポスト。車輪付きでレールの上に載っている。横に0キロポスト。

③品川駅近くで線路をまたぐ八ツ山橋は、日本初の跨線橋。柱が保存されている。④高輪口にある創業記念碑。

線汐留駅に近い。駅舎を再現した建物（内部は鉄道歴史展示室）、測量の起点となった0マイル標識、プラットホームの一部が、「旧新橋停車場跡」として国の史跡に指定されている。遺構を発掘調査し、その上に建てられているので位置や規模は正確だ。周辺をガラスの摩天楼で囲まれていて、絵本の『ちいさいおうち』のような状態になっているが、どこか誇り高く、凜《りん》としていて、いつ来ても背筋が伸びる思いがする。この旧新橋駅は、大正3年（1914）に東京駅ができると、汐留駅と改称して貨物専用の駅となり、それまでの烏森駅が現在の新橋駅となった。

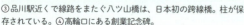

一駅一駅
遺構を探して歩く

次に品川駅。じつは新橋〜横浜間開業の前、6月12日に品川〜横

大森貝塚の碑は、品川区（右）と大田区（左）の2カ所にある。どちらも線路沿いに建てられている。

横浜駅（現・桜木町駅）

③

①

②

①駅構内にある、かつての駅舎の写真。②駅近くの鉄道発祥記念碑。③『川村屋』の「とり肉そばダブル盛り」470円。美味。

2代目横浜駅の遺構が、地下鉄高島町駅近くのマンション敷地内にある。見学可。

浜間が仮開業し、2往復の列車が運行されている（翌日から6往復に）。途中駅はなかったが、7月10日には川崎駅、神奈川駅（廃駅）が開業。10月14日はむしろ、開業式典が開催されて、明治天皇の御召し列車が往復しただけで、営業運転を開始したのは翌15日だ。

品川駅は海辺の駅だった。「窓より近く品川の　台場も見えて波白く　海のあなたに薄霞む　山は上総か房州か」と鉄道唱歌にもある。今も昔も、鉄道建設の最難関は用地の取得だが、軍の施設建設を優先したかった当時の兵部省に所有地の提供を拒まれ、仕方なく海上に築堤して線路を敷設したという。海上を行く蒸気機関車の絵が残っているが、堤も機関車もどこか頼りなく危なっかしい。現在、品川周辺からは海を望むべくもないが、走り始めたばかりの心細い蒸気機関車の姿を想像してみる。

京浜東北線で横浜へ向かう途中、大森駅で下車。アメリカの動物学者エドワード・モースが横浜から新橋へ向かう列車の窓から貝塚を発見したのは、鉄道開業から5年後のことだ。当時はスピードが遅かったとはいえ、よく見つけたものだと思う。車内からは、貝塚発見の碑でさえ見つけることができなかった。

最後に旧横浜駅である桜木町駅。当初は港に近い場所に横浜駅をつくったが、東海道本線が西へ延びると、スイッチバックで進行方向を変えねばならず、直通させるために横浜駅はその位置を徐々に北上させた。2代目は、現在の地下鉄ブルーライン高島町駅近く、マンションの敷地内にひっそりと遺構が残っている。

現在の横浜駅は3代目。大正4年(1915)、2代目横浜駅が開業すると、初代は桜木町駅と改称した。旧新橋駅が貨物の汐留駅となった1年後のことだ。

初代横浜駅の駅舎は、旧新橋駅と同じ設計士によるもので、残っている写真を見ると、かなり似た建物である。現在は見る影もなく新しくなっているが、桜木町駅改札横には貴重な店が残っている。明治33年(1900)創業の立ち食いそば『川村屋』。伊藤博文を通じて営業許可をとった西洋食堂が発祥で、今もお客さんが途切れることがない。周辺の風景は変わっても、駅の人の往来はきっと大差ないのだろうとそばをすすりながら思った。

2015年10月取材

鉄道の日に巡る 明治期の鉄道遺産

日本初の鉄道が新橋~横浜間に開業した10月14日は、長らく国鉄の「鉄道記念日」であったが、今では「鉄道の日」として多くの鉄道事業者がイベントを行うようになった。

ということで、今回は新橋~横浜間に残る鉄道遺産をテーマとしたが、まさに鉄道開業当時を髣髴《ほうふつ》とさせるリポートとなった。当時の人たちは岡蒸気を見て何を思ったのだろうか。世界に類を見ない鉄道王国となった日本だが、年に一度は先人の苦労の足跡を見て歩きたいものだ。

身近な鉄道豆知識

Vol. 38

近場の鉄道遺産を見に行く

Level：

MISSION

下記の条件を満たす旅程を作り、身近な鉄道遺産を見学せよ！

旅費 2000円以内　**旅の日程** 月曜日を除く毎日

出発駅 新宿駅　**到着駅** 新宿駅

① 旅の起点となるA駅までは往路復路ともにJRと私鉄を利用する。
② 駅ホームから貨物列車のタンク車を数多く見ることができるB駅に行く。
③ B駅の駅前から路線バスに乗車し、路面電車を保存する施設を見学する。
④ 路線バスでB駅に戻り、電車を乗り継いで平仮名のみの駅名で下車する。
⑤ 平仮名のみの駅名の近くにある鉄道に関する史跡・構築物を見学する。
⑥ この路線の終着駅まで行き、駅周辺散策の後にこの駅から帰路につく。

予算が2000円ということから、今回のミッションは、あまり遠くへは行かないなと直感した。なんらかのフリーきっぷを使うとしても、行けるのはたぶん都内か神奈川県内。③「路面電車を保存する施設を見学」に着目しても、関東近郊で路面電車が走っている、もしくは過去に走っていたのも、都内か横浜市内。さらに④「平仮名のみの駅名で下車」で、かなり候補は絞られる。みなとみらい線のみなとみらい駅だろう。この駅の近くにある鉄道史跡（⑤）は、臨港線の廃線跡である汽車道。散策する路線の終着駅（⑥）は、元町・中華街駅だ。

　次にタンク車を数多く見ることができるB駅（②）は、きっと根

構内にはタンク車しか止まっていない線路が何本もある。機関車が入れ換え作業を行っている。

渋谷から乗車した列車は東上線森林公園駅を9：03発、終点の元町・中華街駅に11：00着。

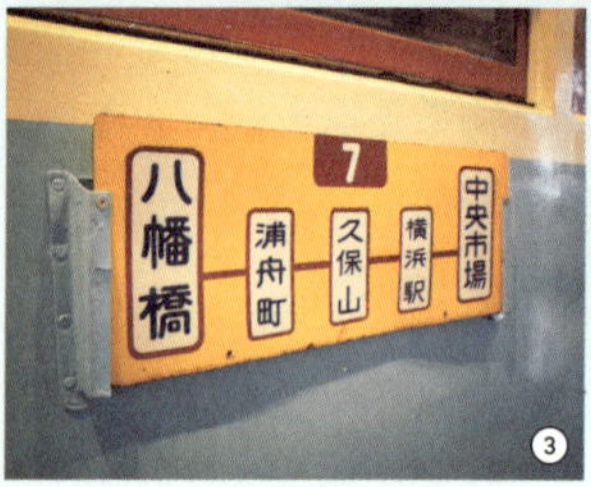

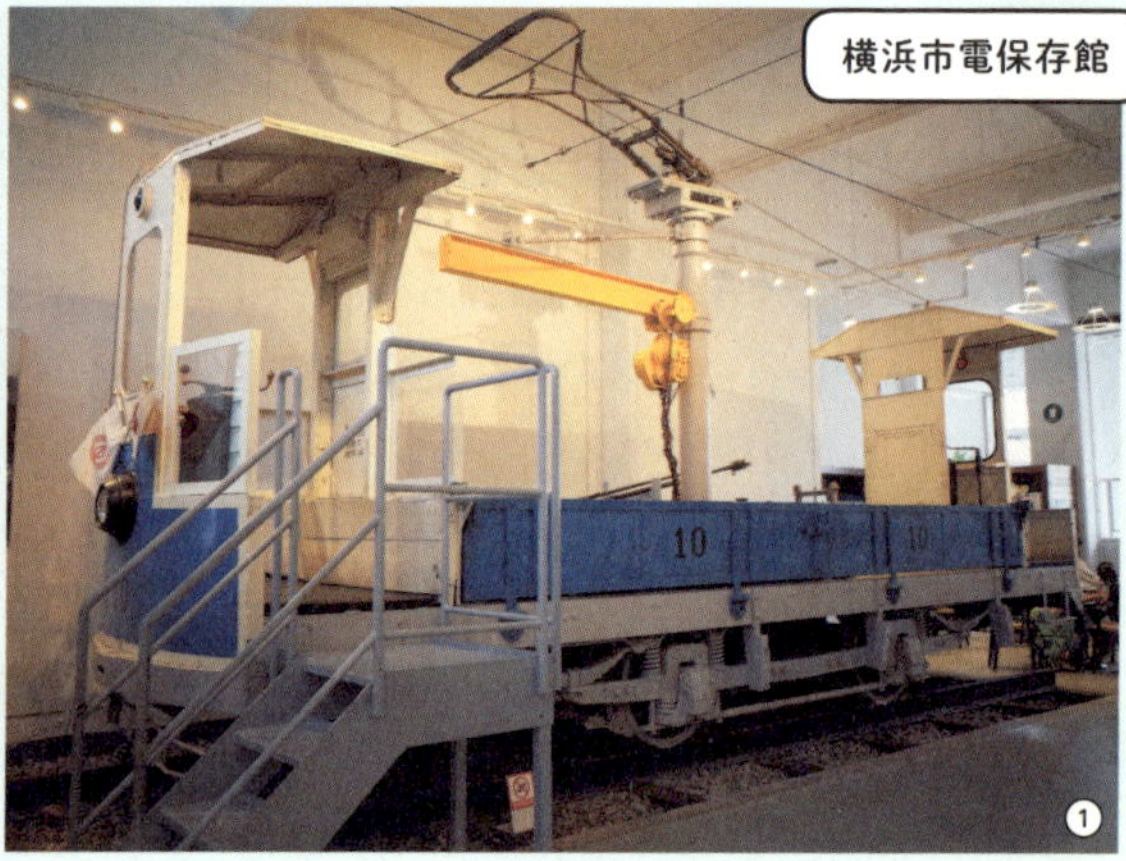

①1948年製の無蓋貨車。レールや枕木、石炭の輸送に使われた。②旧横浜駅にあった大時計。風格あり。③古い書体が美しい。

岸駅。タンク車によく「根岸駅常備」と書いてあるのを思い出す。そうしてあたりを付けて調べてみると、根岸駅の近くに『横浜市電保存館』という施設がある（③）。最後に、①のA駅は横浜駅だろう。新宿からはJR線のみで行くことができるが、渋谷駅から私鉄の東急東横線を利用したほうが安い。横浜駅で「ヨコハマ・みなとみらいパス」（横浜〜新杉田間のJR線、横浜〜元町・中華街間のみなとみらい線が乗り降り自由／520円）を購入するとして、交通費と入館料を合計すると、2000円以内で収まる。かつてないスムーズさで問題を解決した。

　また、『東京時刻表』の東急東横線のページを見ると特急「Fライナー」という列車が日中に走っている。東武東上線、西武池袋線・有楽町線、東京メトロ副都心

大観覧車から見た汽車道。3基残るトラス橋のうち、2つが見えている。列車が走る光景を想像してみる。

港三号橋梁は、イギリス系のトラス橋の遺構。1928年に架設されたものを短縮して、1997年に移設したもの。

右／「汽車道」の港二号橋梁。明治42年（1909）に架設されたトラス橋。左／アメリカン・ブリッジ・カンパニー製作。

線、東急東横線、みなとみらい線の5社が直通運転する最速達列車の愛称で、2016年3月から運行が開始された。Fは速達の「Fast」、5社直通の「Five」、副都心の頭文字に由来する。このFライナーで横浜へと向かった。

横浜を存分に楽しむ……で良かったのか？

横浜駅から根岸線に乗り換えて根岸駅。駅に近づくと、進行方向左側に製油所が見えてくる。駅で降りると、「日本石油輸送株式会社」と書かれた緑色のタンク車が、ずらりずらり。色も相まってイモムシのようだ。駅構内には製油所への専用線が多数敷設されていて、心なしか石油のにおいがする。ホームには「禁煙」のプレートがしつこいくらい貼られているが、ここほどその切実さが迫る駅は他に

みなとみらい駅は、地下23mにプラットホームがあるが、巨大な吹き抜けになっていて開放感がある。

右／横浜中華街は日本最大の中華街。路地まで店がひしめく。左／天上の聖母として信仰をあつめる媽祖を祀る。航海安全の神として霊験あらたか。

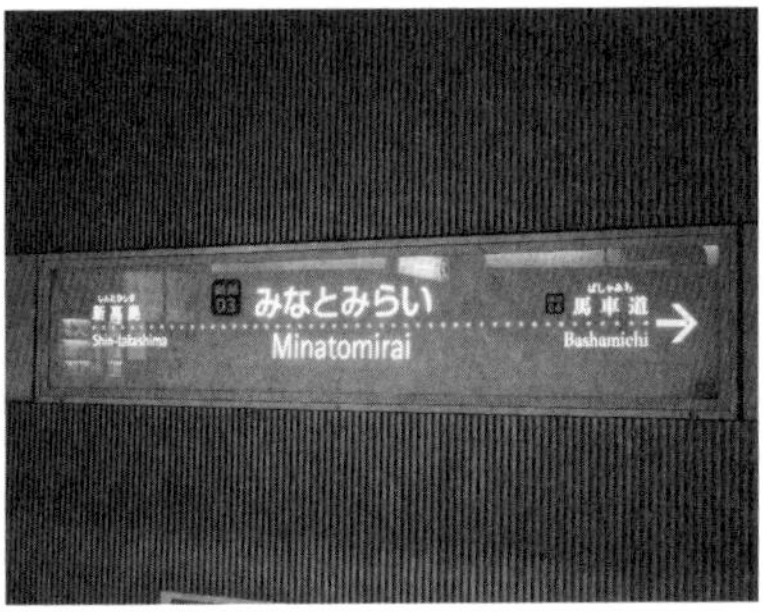

駅名標の書体、馬車道だけ明朝体なのは、駅のレトロな雰囲気を勘案した結果らしい。

ないだろう。旅客ホームは1面2線だが、貨物専用線の方がはるかに線路数が多く、入れ換え用の機関車が黙々と働いていた。

『横浜市電保存館』は駅から路線バスで約7分。1972年まで横浜市内で走っていた路面電車の車両が展示されている。停留場の敷石も当時のもので、ぴかぴかの車両は今にも動き出しそうだった。

再び根岸駅に戻り、電車を乗り継ぎみなとみらい駅へ。旧横浜駅(現在の桜木町駅)と埠頭を結ぶ臨港線の廃線跡が、「汽車道」として整備されている。運河の上に、道に埋め込まれた鉄路と当時の橋《きょう》梁《りょう》が3基残り、鉄路が尽きるまで歩いていくと赤レンガ倉庫が見えてくる。水辺の風が心地よく、貨物列車が走っていた当時の様子が目に浮かぶようだ。

浮かれた気分になり、せっかく

だからと世界最大の大観覧車「コスモクロック21」にひとり乗ってみた。すると眼下に汽車道がよく見える。夢中で写真を撮る。遊びのつもりが仕事に結びついたはずで、胸を張って観覧車代８００円を経費として請求したい。

最後に元町・中華街駅。もはや仕事か観光かわからなくなってきている。関帝廟《かんてい》と媽祖廟《まそ》にお参りし、月餅と豚まんと凍頂烏龍茶を購入、満ち足りた心で帰ってきた。

２０１６年８月取材

【今回の旅程】

新宿駅
10:11
↓JR山手線内回り
10:18
渋谷駅
10:24
↓東急東横線特急Fライナー
10:53
横浜駅(A)
11:06
↓JR根岸線
11:18
根岸駅(B)
↓徒歩
根岸駅前
11:40
↓市営バス（78系統磯子駅前行き）
11:47
市電保存館前
☆『横浜市電保存館』見学
13:35
↓市営バス（21系統桜木町駅前行き）
13:45
根岸駅前
↓徒歩
根岸駅
13:55
↓JR根岸線
14:07
横浜駅
14:20
↓みなとみらい線
14:23
みなとみらい駅
☆汽車道見学
15:59
↓みなとみらい線
16:04
元町・中華街駅
☆横浜中華街散策
18:06
↓みなとみらい線・東急東横線急行
18:46
渋谷駅
18:54
↓JR山手線外回り
19:01
新宿駅

新宿駅⇔横浜駅…430円×2
ヨコハマみなとみらいパス…520円
市営バス…220円×2
『横浜市電保存館』入館料…100円

旅費　合計1920円

師匠から弟子へ

鉄道発祥の地で消えた路線を探訪

日本の鉄道の発祥の地のひとつである横浜には港ならではの臨港線があり、私が子供の頃はＳＬが牽引する貨物列車が走っていたことを覚えている。１９７２年10月の鉄道開業百周年では、東京駅〜高島貨物駅（桜木町近く）間にＳＬ列車が運転されたのも思い出の一コマである。都市再開発の波は市内を走っていた路面電車を廃止し、さらに臨港線の線路が広がっていたエリアには大型ホテルや観光施設が建てられた。劇的な変化を遂げてはいるものの、『横浜市電保存館』や横浜港を訪れるとその日に戻れるような気がした。

つい探してしまうものコレクション

①ホームの水場

修善寺駅

大仁駅

下今市駅

大桑駅

上信電鉄高崎駅

大雄山駅

西武園駅

向ヶ丘遊園駅

②鉄道グッズ

上毛電気鉄道／硬券入場券＋ピンバッジ

伊豆箱根鉄道／電車型貯金箱

新津駅近くの酒屋／SLぐい呑み

関東鉄道／車両ピンバッジコレクション

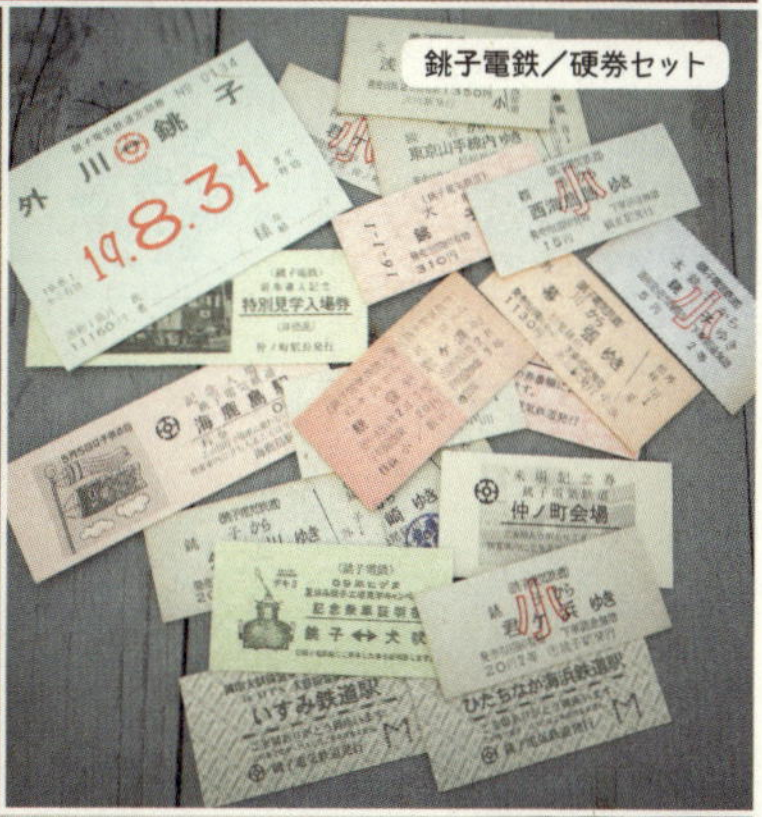

銚子電鉄／硬券セット

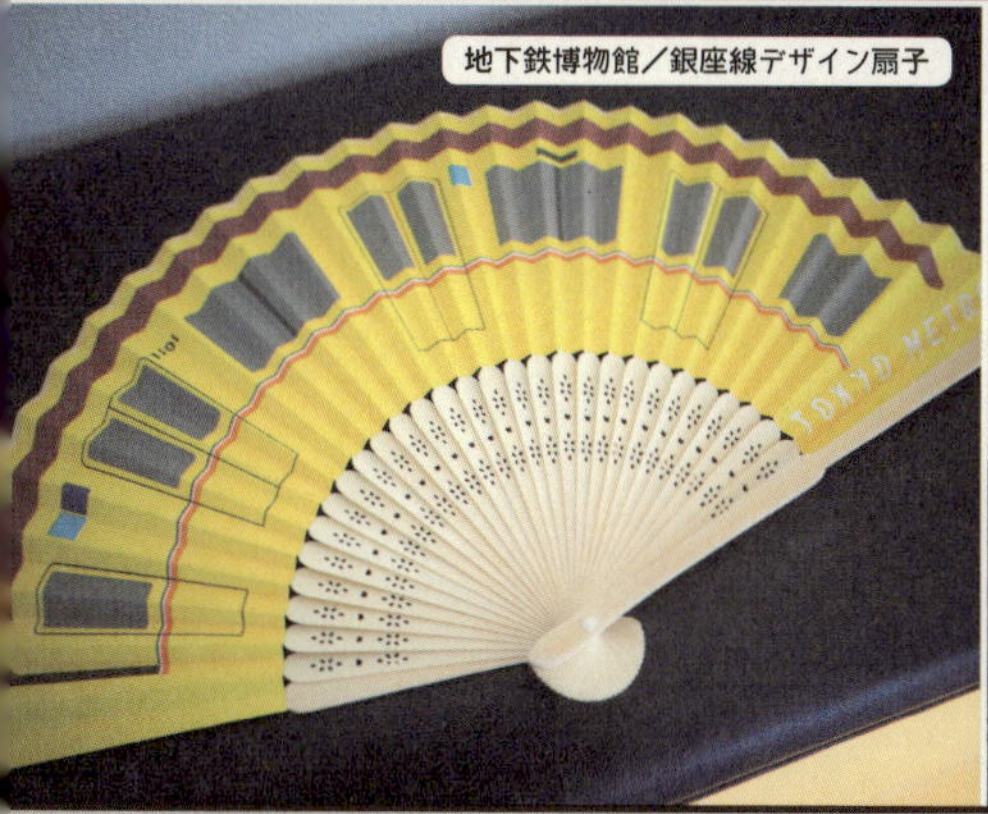
地下鉄博物館／銀座線デザイン扇子

岳南電車／岳南電茶

集め始めると止まらないあれこれ

よく利用する地下鉄丸ノ内線新宿駅で、いつの間にか水飲み場が撤去されていた。利用したことはなかったが、終日、人でごった返すホームにおいて孤高の存在で、昔ながらの武骨な造形に気高さを感じてさえいた。それ以来、ホームの水飲み場を積極的に愛《め》でていこうと思ったのだ。

　そもそもの起源は、蒸気機関車の時代だ。石炭を燃料として走るため、列車の窓を開けると煤《すす》が入ってきて顔や手が黒く汚れる。それを洗い流すため、長く停車する駅などでは人びとが水場に殺到したという。当時は水道と鏡がついた洗面所のようなつくり（178ページ、大仁駅・修善寺駅・下今市駅参照）だったが、1970年代に入って蒸気機関車が運行を終えると、徐々に簡易な水飲み場へと変わっていったといわれる。

　2017年7月の新聞記事によると、JR東日本ではホームの動きやすさを確保するために撤去作業が進行中、東京メトロでは全廃の予定。一方で東京都交通局（都営地下鉄）では水道から冷水機の変換に力を入れていて、東武鉄道も設置に積極的とあり、鉄道会社によって方針に違いがあるようだ。

　気をつけて見ていくと、形もさまざまで、水飲み場とホーム清掃用と思しき水道を兼ね備えているものが多い。使い込まれたもの、うっかり残っているもの、いずれにしても出合いが楽しい。東武日光線の下今市駅のように、新たに蒸気機関車が走ることで洗面所タイプが新設されるという吉報もある。飲料自販機が普及したいま、その存在意義は薄れつつあるが、気にし始めるとコレクター魂を刺激される設備だ。

　コレクター魂といえば、もうひとつ。行く先々でなんらかの鉄道関連みやげを買ってきた。とくにピンバッジは好物で、ローカル線の小さな駅の窓口で販売されているものは抗《あらが》いがたい。とはいえ、どこかに着けるわけではなく、ときどき取り出して、にやにやと眺めているだけだ。いつか黒いフェルト地に手持ちのすべてを差してみたいと思っている。

東京駅特急列車ウォッチング

Level :

MISSION

東京駅入場券を購入し、東京駅を発着する下記の特急列車＆駅内にある鉄道に関するポイントを観察せよ！

● 特急列車

・東海道新幹線 N700 系・N700A・700 系
・東北・山形・秋田・上越・長野新幹線 E2 系・E3 系・E4 系・E5 系・E6 系・E7 系
・東海道特急 185 系「踊り子」
　251 系「スーパービュー踊り子」
・中央特急 E257 系「あずさ」「かいじ」
　E351 系「スーパーあずさ」
・房総特急 E259 系「成田エクスプレス」
　255 系＆ E257 系「わかしお」「さざなみ」「しおさい」「あやめ」

●0 キロポスト

東海道新幹線、東海道本線、東北新幹線、東北本線、中央本線、総武本線、京葉線の起点を示す 0 キロポストがある。

● 東海道新幹線の 19 番線ホームの記念碑

● 動輪の広場

● 駅舎内の郵便ポスト

● 開業当時からある 5・6 番線ホームの支柱

● 遭難碑（駅構内で政治家が襲われた場所）

東京駅は2014年に開業100周年を迎えた。『JR時刻表』巻頭の東京駅構内図によれば、地上の在来線ホーム10、地下の在来線ホーム8、新幹線ホーム10があり、それらが大迷宮のごとく配置されている。駅ナカも充実していて、駅構内で一日中飽きることなく過ごすことができるだろう。

そうした鉄道アミューズメント施設のような東京駅で、特急列車を効率良くチェックし、構内の見どころを巡るというのが今回のミッションだ。まずは時刻表を入念に読み込み、新幹線、特急列車各々の列車の発車、到着、入線時間を調べ上げる。

スタートは12時、9番線発車の「踊り子115号」。42分には向か

東海道・山陽新幹線

①最新型の「N700A」のマーク。②新幹線の父といわれる十河（そごう）信二氏の記念碑。18・19番線にある。③流線形の美。

地下京葉線のりば

外房線特急「わかしお」。曲線が主流の車両デザインのなか、このごつごつ感がとてもいい。

地下総武線のりば

大宮方面からの列車と横浜方面からの列車を連結、一路成田へ。連結の所要時間は約3分。

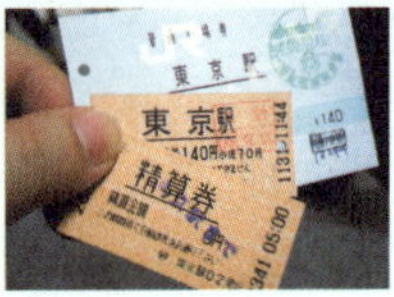

2回買い直した普通入場券。在来線だけでなく、新幹線ホームにも入場できる。

地上ホーム

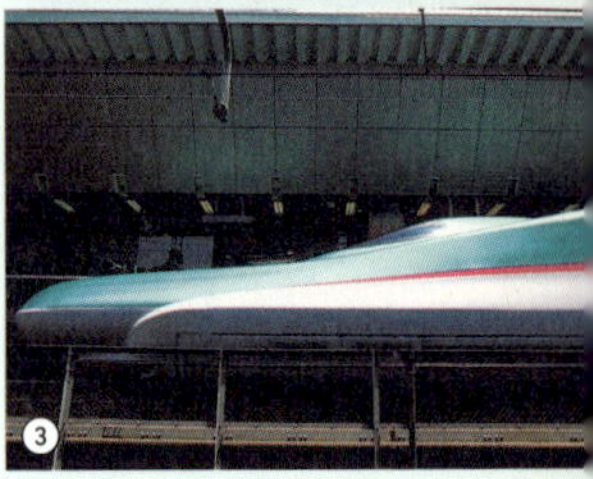

①旅情漂う特急「踊り子」のヘッドマーク。②5・6番線の緑色の支柱は開業当時のもの。③10番線は隠れた新幹線ビュースポット。

いの10番線に「スーパービュー踊り子2号」が到着する。発車する車両を見送り、到着する車両を出迎える。駅ではひっきりなしに列車が発着し、その時間や番線は時刻表に記載されている通りで、今さらながらその正確さに感服する。

次に地下ホームへ。東京駅から房総半島へ向かう場合、総武本線と、京葉線経由の外房・内房線があり、どちらも地下ホームだがとても離れた別の乗り場、という東京駅の有名な罠《わな》がある。

地下総武線ホームは房総北部担当。船橋・千葉から銚子へ向かう総武本線（特急「しおさい」号）のほか、成田線、鹿島線もあるため、「成田エクスプレス」の発着も多い。一方の地下京葉線ホームは房総南部担当。舞浜を通り蘇我から外房線（特急「わかしお」号）と内房線（特急「さざなみ」号）

東北・山形・秋田・上越・長野新幹線（取材当時）

①ホームに入ってきたときの存在感と高揚感たるや、日本随一。②2014年3月にデビューしたE7系。15年春に北陸新幹線が開通する。③2階建ての印。

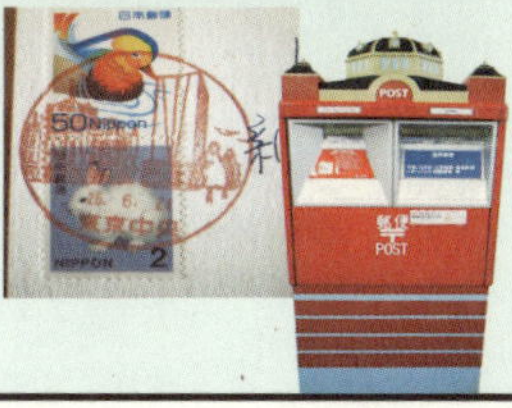

丸の内南口改札そばのポストから出すと、風景印を押してくれる。

動輪の広場

鉄道開業100周年の1972年に開設された。C62形蒸気機関車の動輪を飾ってある。

「はやぶさ」と「こまち」の連結部分。形も色味も違うふたつの列車がつながる不思議。

東海道・山陽新幹線の中央乗り換え改札口付近にある浜口雄幸首相遭難の現場。

に分かれる。今回、時刻表でそれぞれの路線経路を確認し、罠に陥らない自信がついた。

次は中央本線。数は少ないが東京発の特急がある。でもこの日は列車遅延の影響で東京～新宿間が区間運休だった。無念。

新幹線ダイヤの緻密さに我を忘れる

そして残るは新幹線。普通入場券140円で新幹線ホームにも入場できる。まずは東海道・山陽新幹線。約5分おきに発車する過密ダイヤを、14～19番線の6本のホームでまったく無駄のない車両のやりくりが行われている。時刻表通りの入線、発車、到着時間。恐ろしく精密な機械の動きを見ているようだが、もちろん動かしているのは人間だ。ミラクル。人間はどこまで緻密になれるのか。

20〜23番線のたった4本のホームで、東北・山形・秋田・上越・長野新幹線（取材当時）を動かしているのもまたミラクル。東海道・山陽新幹線にはない連結の妙は言うも更なり。ちゃんと時刻を調べたはずが、もはや目に入る列車をひたすら激写。我を忘れる。

力を出し尽くし、真っ赤な秋田新幹線を見送ったとき、ちょっと泣きそうになった。

この後、首相遭難場所などを確認し、かれこれ5時間、駅構内を歩き回る。140円の普通入場券は2時間以内有効のため2回更新。でもまだ見ぬ列車が残っている。

＼こんなにあった！／

0キロポスト コレクション

東京駅には0キロポスト（路線の起点標）がいっぱいある！

4番線と5番線（東海道本線・東北本線）の間。

レンガの台にのって立派。1番線（中央本線）。

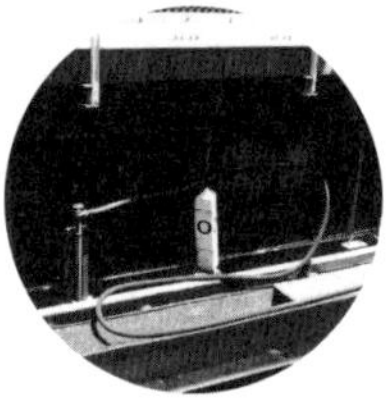

地味だけど本寸法。10番線（東海道本線）。

東北・上越新幹線は、20・21番線ホーム上。

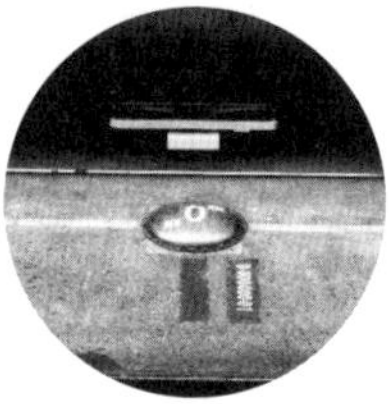

東海道・山陽新幹線は、17・18番線の間にあり。

2014年6月取材

師匠から弟子へ

見どころ満載！ 東京駅ウォッチング

東京駅は東海道本線・東北本線・中央本線・総武本線・京葉線の起点駅であり、路線の起点標の0キロポストもいっぱいある。発着する新幹線や特急列車の車両も多種多彩で、すべての方面に運行されている。入場券は2時間の時間制限があるが、全列車・見どころを巡るには時間が足りなくなる。弟子は効率よく巡れるプランを作成して挑んだが、入場券を2回買い直したという。それでも見落としたところがあり、東京駅の奥の深さを実感することができた。

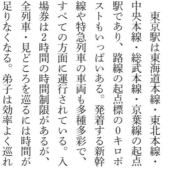

よく見るとすごい駅

Vol. 40

変わりゆく上野駅を探検する

Level：

MISSION

始発・終着駅から中間駅へと変化する上野駅の現状を確認せよ！

【弟子のチェックポイント】

●13番線ホーム

現在は寝台特急「カシオペア」「北斗星」の2列車のみとなった、上野発の夜行列車が発着する行き止まり片側だけのホームの魅力を探る。

●13～17番線ホーム

終着駅らしい車止めがある地平ホーム。これぞ上野駅の風景だが、宇都宮線・高崎線の電車が東海道線直通となると、行き止まりのホームに停車する列車の本数は減る。常磐線の特急列車が16・17番線に止まっている風景を確認する。

●5～12番線ホーム

今回の目玉は高架ホーム。どのホームを発着する列車が東京方面へ抜けることができるのか？　上野東京ラインの線路を確認する。

毎年3月、JR線のダイヤ改正が行われる。2015年3月のダイヤ改正の話題はもっぱら北陸新幹線の長野〜金沢開業だったが、その華々しさの裏で寝台特急「北斗星」の定期運転が終了となった。また、常磐線が品川駅まで直通し、特急が「ひたち」「ときわ」となり74本中44本が品川発着に変更、宇都宮線・高崎線が東海道本線と相互直通運転となる「上野東京ライン」が開業と、上野駅にとっては激動の改正。いつの間にか変わっていた不覚をとらないためにも、改正前の風景を記憶しておきたい。

平日昼過ぎの上野駅。まずは石川啄木の歌碑を目指す。「ふるさとの　訛なつかし　停車場の　人ごみの中に　そを　聴きにゆく」。

個人的には、上野駅の神がおわす処。二礼二拍手一礼したい。ここそが、日本のパワースポットと信じる。

上／中央改札内の上には、現在 LED の発車時刻表が掲げられているが、かつては木製の案内板だった。下／公園口、不忍口と、入谷口と同じ駅とは思えないほどに風景が違う。中央改札は、猪熊弦一郎氏の壁画が目印。

①啄木の碑の近く、天井にモニュメント「故郷の星」。②③ 13 番線ホーム。「カシオペア」（15 時～発車・運転日のみ）、「北斗星」（17：50 ～発車）の待合スペース「五ツ星広場」がある。

「カシオペア」は、終点札幌駅まで機関車を 2 回変えて走る。専用の色（シルバー）のものもある。1 号車のカシオペアスイートは、全国民の憧れの的。

この27文字に上野駅のすべてが詰まっている。碑の前に立ち、目の前からまっすぐに延びるレールを見る。ひとり儀式を執り行っているような厳かな心持ちになった。

そうこうしているうち、13番線に寝台特急「カシオペア」が入線してくる時間だ。師匠曰く「推進運転で入線してくるのを見逃さないように」とのこと。推進運転とは、後ろの車両が前の車両を押して運転すること。通常は先頭の機関車が客車を引っ張って運行するが、上野駅のような行き止まりのホームの場合、入線時は機関車が後ろから押す形になる。この入線時刻は、時刻表の東北本線のページに記載がある（弟子は知らず、師匠に教えてもらった）。

「カシオペア」の入線時刻は15時35分。13番線ホームが静かな熱気に包まれる。機関車の鈍い音が響

①常磐線高架の 12 番線ホーム。下に見えるのは特急が発着する 16・17 番線ホーム。忘れ得ぬ我が心の風景。②③ 16・17 番線ホーム。沿線の風物を描いたタイル絵がある。

普通列車とも、特急列車とも違う、圧倒的な存在感。車体は老朽化してはいるが、それだけに威厳があって美しい。乗車できない悔しさから、あらゆる所を写真に収める。虚しい。

き、ディーゼル発電機の燃料の匂いが充満する。心なしか厚着した人たちが乗車口の位置につく。シルバーの車体に5色のラインが入った客車が12両。乗客は、それぞれの車両の前で記念撮影。こちらは羨《うらや》ましい以外の感想が浮かばない。出発前の興奮をホームに残し、16時20分、定刻に発車した。

次に高架ホームへ向かう。師匠によれば、御徒町方面の線路配置をチェックすれば、「上野東京ライン」となる線路がわかるはずとのことだが……不肖の弟子、まるでわからなかった。気を取り直して、常磐線高架ホーム11〜12番線へ。ここは個人的な思い出がある。

自分のなかの「そを　聴きにゆく」

大学入学を機に、故郷である福井から上京してきてしばらく、常磐線沿線に住んでいた。夜、高架ホームで上野始発を待っていると、下に見える17番線に福井行きの夜行急行「能登」が停まっていることがあった。あの列車に乗って故郷へ帰る選択肢もある、何度もそう思った。「能登」は、1963年3月31日、18歳だった父が東京で就職して翌日の入社式のために福井から乗ってきた列車でもある。父はその後、会社を辞めて大学に入り、母と出会うわけだが、常磐線高架ホームに立って駅構内を見下ろすたび、己のルーツを思う。そして、こんな昔話ができるような立派な、いっぱしの年寄りになっていることに気付く。「能登」は、2010年3月13日に定期運転を終了した。

かつて「能登」が発着していた16〜17番線は現在、常磐線特急が発着している。13〜17番線は、行き止まりの車止めがある終着駅らしい地平ホームだが、3月のダイヤ改正で上野が中間駅となると、こうした始発ホームに停車する特急列車の本数は減るだろう。停車場の風情が残る眺めを、目に焼き付ける。

18時を過ぎると、にわかに人が増えてくる。18時44分、13番線に寝台特急「北斗星」が入線。写真を撮ろうとする人であふれかえる。先程の「カシオペア」の比ではない混乱と喧噪《けんそう》。駅員さんも、乗客も、撮影組も、最後のブルートレインを前に殺気立っている。発車までの15分はあっという間に過ぎ、19時3分、最後尾の赤いランプが遠ざかっていった。

2015年1月取材

師匠から弟子へ

上野東京ライン開業で変貌する上野駅を探検

私の世代にとって上野駅は東北・常磐・上信越方面の列車の始終着駅であり、行き止まりの地平駅や高架駅から特急・急行列車がひっきりなしに発車していた。東北新幹線の東京駅開業で上野駅は単なる通過点となり、上野東京ラインの開業では常磐線の特急・快速列車の大半が品川駅発着となった。弟子がウォッチングした寝台特急「北斗星」「カシオペア」の定期運行も終了し、石川啄木が聴きに行った「そ」も旅情豊かな夜行列車も過去の思い出となった。

Vol. 41

ローカルな駅を観察する①

Level：🚃🚃🚃

MISSION

下記に該当する路線・駅を探し出し、旅程を作って旅に出よ！

交通費 7500円以内　**旅の日程** 7：30〜17：00

出発駅 上野駅　**到着駅** 品川駅

① 途中駅が1駅の路線に乗車し、終着駅で約40分の駅構内観察をする。
② 1往復して戻ったら、次に来る下り列車の終着A駅まで乗車する。
③ A駅からは別の路線に乗車し、終着のB駅では約60分の観察をする。
④ B駅からC駅まで乗車した後は、C駅および駅周辺を2時間散策する。
⑤ C駅で、昭和の大ヒット曲を歌った歌手に関係があるオブジェを探す。
⑥ C駅で散策の後は、A駅から接続する特急列車の普通車指定席に乗車する。

今回のミッションはまず①「途中駅が一駅の路線」に注目する。思い浮かぶのは、関東鉄道竜ケ崎線と、京成金町線。出発駅の指定が上野駅だから、常磐線で佐貫駅、そこから接続する竜ケ崎線と予想する。だが、「終着駅で約40分の駅構内観察」とあるのに、終点の竜ケ崎駅で40分の間がある列車がない。ならば上野〜日暮里から京成線かと思うが、どうもしっくりこない。他の課題もうまくつながらず、現状の最適解を添えて「でもどこかおかしいです」と師匠に助けを請う。すると、師匠曰く「出発時間を1時間まちがえました」。……弘法も筆のあやまり。気を取り直して正しいミッションに挑む。

①はやはり竜ケ崎線、一往復し

関東鉄道竜ヶ崎線

①駅名の書体、背中合わせのベンチ、小さな改札、すべてがいい。②8時台は2両編成だったが、9時を過ぎると1両編成に。③堂々たる竜ヶ崎駅舎のかまえ。かつては貨物輸送も行っていた。

龍ケ崎市がコロッケの街ということでコロッケトレインが走っている。つり革にも注目。

て次に来る下り列車の終着は勝田駅（A）。勝田駅からの別の路線（③）は、ひたちなか海浜鉄道湊線。その終着は阿字ヶ浦駅（B）。④と⑤によればC駅は2時間散策するほどの比較的にぎやかな街で、なんらかのオブジェがある模様。湊線沿線では那珂湊駅が大きな駅で、調べてみると駅に黒猫がいるらしい。『黒ネコのタンゴ』を歌った皆川おさむ氏にちなんでその名は「おさむ」。さらには皆川氏から黒猫のオブジェが寄贈されているという。C駅は那珂湊駅でまちがいないだろう。そして勝田駅から常磐線特急の普通車指定席に乗車して品川駅で下車（⑥）。どこにも無駄な時間がない美しい行程だ。

秋が深まる小さな街あるき

上野駅から常磐線下り列車に乗

ひたちなか海浜鉄道湊線

①磯崎駅周辺は、サツマイモ畑が広がっている。②終着、阿字ヶ浦駅。夏のにぎわいは感じられない。③黒猫のオブジェ。窓口内にひっそりと。④那珂湊駅には車庫もある。

ひたちなか海浜鉄道、勝田駅にある木のベンチ。ホームの段差を利用した省スペース。

秋の海には釣り人が数人。好天で風も心地よいが、全体的にすこし寂しい。

る。関東鉄道竜ヶ崎線と接続する佐貫駅は、2017年春、「龍ケ崎市駅」と改称される予定だった（改称は延期）。実現すると関東鉄道竜ヶ崎線は、龍ケ崎市駅と竜ヶ崎駅を結ぶ路線となって、なかなかに字面がくどい。間の一駅、入地駅がどこか所在なさげだ。

約7分の短い路線だが、終点の竜ヶ崎駅は、かつては大きな駅だったことがうかがわれる。今でこそホームは1面1線だが、ホームに沿って延びる細長い駐車場はかつての線路跡だろう。駅周辺はひっそりとしているが、駅前旅館、書店、美容室、喫茶店、和菓子店と由緒正しい地方の小さな街の風景だった。

佐貫駅から下り列車で勝田駅。ひたちなか海浜鉄道湊線へ乗り換える。1両の気動車は、えんじ色のボックスシートで、ふかふかと

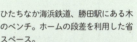

【今回の旅程】

上野駅
7：32
↓常磐線
8：20
佐貫駅
8：31
↓関東鉄道竜ヶ崎線
8：38
竜ヶ崎駅
9：19
↓関東鉄道竜ヶ崎線
9：26
佐貫駅
9：40
↓常磐線
11：05
勝田駅(A)
11：17
↓ひたちなか海浜鉄道湊線
11：44
阿字ヶ浦駅(B)
12：42
↓ひたちなか海浜鉄道湊線
12：54
那珂湊駅(C)
14：54
↓ひたちなか海浜鉄道湊線
15：09
勝田駅
15：21
↓常磐線・上野東京ライン 特急「ひたち18号」
16：53
品川駅

交通費 合計7420円

2016年10月取材

心地よい。車窓はススキ、セイタカアワダチソウ、ときどきコスモス。駅名標は各駅の名所や名産品をデザインした書体で見ていて飽きない。終点の阿字ヶ浦駅は海水浴場の最寄りだが、秋も深まる今、街はシーズンオフ感で満ちている。海まで歩いて5分強。浜辺には数人の釣り人、遠くには工業地帯や巨大なタンカーが見える。太平洋らしい穏やかな海だった。

戻って那珂湊駅。多くの人が「那珂湊おさかな市場」へと向かう。鮮魚店や海鮮料理の店が立ち並ぶ一画は、車で来ている人や団体客もいて、平日とは思えないにぎわいだ。各店舗が長蛇の列で、ここで海鮮丼を食べる計画は断念。駅に戻り、窓口内に置かれている黒猫のオブジェを確認する。もっと人目を引くところに置けばいいのにとも思ったが、本来、猫は気まぐれな性格だ。本物の黒猫「おさむ」にも合えずじまいだった。

首都圏にあるローカルな駅とは？

今回のミッションのポイントは途中駅が一駅の路線。簡単に解けただろうと思っていたら、正解が導き出せないと……。私が出発時間を1時間間違えるという出題ミスをしており、これでは解けなくて当たり前であった。昭和のヒット曲で皆川おさむの『黒ネコのタンゴ』が思い浮かぶ人は40歳以上に限定されるだろう。弟子は見事にクリア?して那珂湊駅にいる黒猫の「おさむ」にたどり着いた。なお、現在も佐貫駅は龍ケ崎市駅と改称されずそのままである。

よく見るとすごい駅

Vol. 42

ローカルな駅を観察する②

Level：🚃🚃🚃

MISSION

下記に該当する路線・駅を探し出し、駅舎巡りの旅に出よ！

使用きっぷ　休日おでかけパス　制限時間　8:00〜15:30

① 始発のA駅からB駅行きとC駅行きが併結された列車に乗車する。
② 途中駅で分割される列車のC駅行きに乗車する。
③ C駅周辺の観光スポットを散策後、C駅発10：32の列車に乗車する。
④ 終着駅から11：01発の列車に乗り継ぎ、その列車の途中D駅まで行く。
⑤ 11：25に到着したD駅で下車。駅の雰囲気をウォッチングする。
⑥ D駅発11：56の列車に乗り、次の駅からE駅まで各駅途中下車する。
⑦ 歴史ある駅舎の遺構や今も残る構内踏切などをウォッチングする。
⑧ E駅発14：30の列車に乗り、A駅まで向かう。

使うきっぷが「休日おでかけパス」のみ、にまず注目する。土休日やゴールデンウィークなどにフリーエリア内で1日乗り放題2670円というきっぷだ。①と②の「併結列車」は、途中で切り離されるくらいだから、それなりに遠くまで行くだろう。

そこで東京近郊の路線図を開いて、「休日おでかけパス」のフリーエリアの最端駅に印を付ける。成田線の成田空港駅、東海道線の小田原駅、中央本線の大月駅、高崎線の神保原駅、常磐線の土浦駅などだ。C駅はたぶん、どこかの路線の最端駅と予想する。③によれば、C駅を10時32分発の列車（最端でそれより先に行けないから、たぶん上り列車）がある。時刻表で

武蔵五日市駅

①五日市線の終点ではあるが、まだ先へ続きそうな高架ホーム。五日市線内では、唯一の高架駅。②駅舎のホーム上方にステンドグラス。教会のようだ。③武蔵五日市駅前にある西東京バスを模した自販機。離れて見ると本当のバスのよう。

武蔵高萩駅さくら口を出ると桜並木。そば店、喫茶店、スナックと古き良き駅前風景。

武蔵高萩駅

上／旧駅舎は瓦屋根だったため、新駅舎も緑色の瓦を使ってデザインを受け継いでいる。下／改札外にある小さな図書館。寄贈された本が集まる。

高麗川駅

駅周辺にはかつて渡来人が多く住む高麗郡が置かれた。駅前案内図もその名残が。

それぞれの駅を調べていくと、該当するのは五日市線の武蔵五日市駅だ。休日に運転される中央線の「ホリデー快速」は、「あきがわ号」（五日市線）と「おくたま号」（青梅線）を併結して新宿駅（A）を出発し、拝島駅で分割、奥多摩駅（B）行きと武蔵五日市駅（C）行きになる。

そうとわかれば、あとは時刻表をたどっていけばおのずと行程は決まっていく。武蔵五日市駅から拝島駅に戻って八高線、高麗川駅（D）から川越線、各駅で降りて駅舎を観察、川越駅（E）から川越・埼京線直通に乗って新宿駅に帰ってくる、という旅程だ。冬晴れの休日、いざ出発。

沿線では梅が咲き始めていた

新宿駅から発車する「ホリデー

笠幡駅

駅舎の壁にひっそりと残る。国鉄からJR東日本になったときの記念の品。

的場駅

①駅舎の天井を見上げると、古民家のような眺めだった。末永く残していってほしい。②休日。人影もまばら。③構内踏切がある。

快速」は10両編成で、7～10両が五日市線を走る「あきがわ5号」。青梅線方面直通列車のため、立川を過ぎると青梅短絡線（158ページ参照）に入り西立川駅に停車。拝島駅でスムーズに切り離しが行われ（見物人は少数）、武蔵五日市駅に到着した。駅舎は新しくて立派だが、駅前には数人のサイクリングの人たちがいるくらいで、茫《ぼう》漠《ばく》としている。近隣の観光スポット案内がすべて2・5km超えなため散策はあきらめ、駅近くの坂上にある公園から、終点高架駅を撮影して時を過ごした。

　拝島駅に戻り、11時1分発の八高線に乗り換える。八高線は八王子～倉賀野（高崎まで乗り入れ）を結ぶ路線だが、全線を直通する列車はなく、高麗川駅以南の列車は川越線と直通運転している（57～60ページ参照）。高麗川以南は電化、以北は非電化なためだ。「八高線川越行き」という、ちょっと不思議な行き先の列車に乗り、高麗川駅以降、各駅で下車して駅舎を観察していく。武蔵高萩駅は、かつて旧陸軍の士官学校が近くにあったため、旧駅舎には昭和天皇が使用した貴賓室《きひんしつ》があったという。新しくなった駅舎も、沿線では図抜けて大きな建物だ。

　笠幡駅はこぢんまりとしたたたずまいで、急に遠くに来た感じがする。あちらこちらに梅が咲いている。的場駅も似ているのだが、ふと駅舎の天井を見上げると立派な木材の梁《はり》が残っている。旧駅舎のものだろうか。いずれにしても大事にされているのがわかる。思いがけない発見で心が躍った。西川越駅は近くに県道が通り、駅前にガソリンスタンドが立つ見慣れない風景。各駅に下車して約30分ずつの駅舎観察。地味ながら、穏やかな時間を過ごすことができた。

【 今回の旅程 】

新宿駅(A)
8:19
↓中央線・五日市線「ホリデー快速あきがわ5号」
9:21
武蔵五日市駅(C)
10:32
↓五日市線
10:49
拝島駅
11:01
↓八高線
11:25
高麗川駅(D)
11:56
↓川越線
12:00
武蔵高萩駅
12:30
↓川越線
12:34
笠幡駅
13:04
↓川越線
13:10
的場駅
13:40
↓川越線
13:43
西川越駅
14:13
↓川越線
14:17
川越駅(E)
14:30
↓川越線・埼京線
15:26
新宿駅

2017年2月取材

師匠から弟子へ

休日おでかけパスでローカルな駅めぐり

　東京エリアの散策に便利でおトクなのが「休日おでかけパス」。本書でも何度か出てくるほど使い勝手がよく、JRを利用した土休日の散策におすすめのトクトクきっぷだ。併結列車として「ホリデー快速」に着目したのは流石《さすが》。そして、通勤路線のイメージがある川越線だが、4両編成の電車が走る川越〜高麗川間はローカル線の雰囲気を今も残すところだ。私が意図した駅舎や駅構内踏切などをリポートしており、地味な駅のおもしろさがよく伝わってくる。

よく見るとすごい駅

Vol. 43

「●●温泉駅」を訪ねる

Level：■■■

MISSION

下記の条件を満たす旅程を作り、「●●温泉駅」への旅に出よ！

交通費 7000円以内　**旅の日程** 土・日・祝の7：00〜17：30

出発駅 新宿駅　**到着駅** 新宿駅

① 新宿駅から列車に乗り、５つ目の駅で乗り換えて終着のA駅に向かう。
② A駅始発の列車に乗り、終着のB駅から６分後に発車する列車に乗り換える。
③ その終着駅からは始発の列車に乗り継ぎ、終着１つ手前のC駅で下車する。
④ C駅では改札から出ず、ホームの跨線橋の先にある資料館を見学する。
⑤ C駅では40分の乗り継ぎ時間で発車する始発列車でD駅に向かう。
⑥ ホームが地下トンネルのD駅を見学し、23分後の列車でE駅に向かう。
⑦ E駅の駅前で13：50前後に行われるイベント見学後は、街中を散策。
⑧ E駅からは15時台の特急列車に乗り、旅のスタートの新宿駅まで戻る。

2017年夏、東武鉄道が鬼怒川線で蒸気機関車を復活させた。結解師匠がこの一大事を取り上げないはずはないと思っていたところ、今回のミッションに「資料館」「イベント見学」とあるのを見て、これは鬼怒川だとアタリをつける。

走行区間は、鬼怒川線の下今市駅〜鬼怒川温泉駅間だから、イベントが行われるのはどちらかの駅。④の「資料館」があるC駅が下今市駅だから、E駅は鬼怒川温泉駅だろう。時刻表をみると、15時7分発新宿行きの特急もある（⑧）。D駅は「ホームが地下トンネル」とあり、沿線の駅を調べてみると野岩鉄道の湯西川温泉駅。ミッションの後半から解いていったが、往路の新宿から下今市駅（C）ま

下今市駅

東武動物公園駅ホームの待合室が夏休み満開。手の込んだ工作が楽しい。

向かいのホームに入線する「大樹」。「手を振ってあげてください」と控えめなアナウンスがあった。

大桑駅

①タイル、鏡、蛇口など由緒正しい洗面所。②長門市駅からやってきた転車台。③資料館へ続く通路。資料館では蒸気機関車の仕組みやジオラマが展示されている。④保線用車両に「大樹」の印。

での行き方で悩み、3日考えて正解にたどりついた。

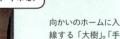

「温泉」が付く二駅
陰と陽の楽しみ方

新宿駅から地下鉄丸ノ内線で5つ目、赤坂見附で銀座線に乗り換え、終点の浅草に向かう。東武鉄道の浅草駅（A）は、先端が大きくカーブしていて、発車するとそのまま大きく曲がって隅田川を渡る。あまりスピードが出せない分、東京スカイツリーを眺めながらゆっくりと川を渡る様は風情がある。

終着の東武動物公園駅（B）で南栗橋行きに乗り継ぎ、さらに北上して下今市駅へ。蒸気機関車「大樹」の始発駅として資料館や転車台が新設されている。かつて蒸気機関車が全盛のころ、煤《すす》で汚れた手や顔を洗うためにホームに洗面所があったのだが、それも再

湯西川温泉駅

①暗闇に浮かび上がる、歓迎LEDゲート。改札までは57段。②吸い込まれそうなホームの一方。列車以外のものがやってくる気がする。③地上の駅舎。山を背に目前には湖。温泉の気配はまだない。

鬼怒川温泉駅

右／帰りの特急から見えた、下今市駅の転車台。手を振られて、振り返す。左／スペーシアの中でもひと際目立つゴールド。復路で乗車した。

駅前の転車台に入ってくる蒸気機関車。その一挙手一投足を、大勢の人が注目している。

現されていて思わず駆け寄った。

蒸気機関車の復活にあたっては、全国のＪＲ・私鉄各社から機関車や客車、転車台などを借り受けたり、譲り受けたりしている。鉄道遺産が各地から集結して運行しているわけで、鬼怒川の地で末永く愛されるといいなあと思う。「大樹」には乗らないが途中の大桑駅で交換があり、大きく手を振った。

東武鬼怒川線の終点、新藤原駅から野岩《やがん》鉄道に乗り換える。トンネルが続き、時折見える車窓は急激に山深くなる。けぶった渓谷をいくつか過ぎて湯西川温泉駅。トンネル内にホームがあり、列車を降りると背筋がひんやりする。上越線の土合駅を思い出した。ホームの一方は鉄橋につながっているから明るいのだが、暗闇から忍び寄る湿った冷気からは逃れられない。エレベーターもあるが、地上まで階段を上り（途中、励ましの言葉あり）、ひと呼吸ついてまた下りる。次回は温泉に入りたい。

同じ路線を引き返して、鬼怒川温泉駅。13時50分ごろからのイベントとは、到着した「大樹」が駅前の転車台で方向転換をするものだ。汽笛が山にこだまして、蒸気機関車がゆっくりと煙を吐きながらやってくる。取材時は復活して2回目の週末だったので、運転士さんもお客さんも高揚を隠しきれない。何度も何度も汽笛が響き、そのたびに歓声が沸き起こった。

【今回の旅程】

新宿駅
7：06
↓地下鉄丸ノ内線
7：16
赤坂見附駅 ※5つ目
7：20
↓地下鉄銀座線
7：45
浅草駅(A) ※終着
8：02 ※始発
↓東武スカイツリーライン区間急行
8：59
東武動物公園駅(B) ※終着
9：05 ※6分後
↓東武日光線急行
9：19
南栗橋駅 ※終着
9：27
↓東武日光線急行
10：35
下今市駅(C) ☆資料館見学
11：15 ※40分後／始発
↓東武鬼怒川線
11：51
新藤原駅
11：53
↓野岩鉄道
12：07
湯西川温泉駅(D)
☆駅見学
12：30 ※23分後
↓野岩鉄道
12：43
新藤原駅
12：45
↓東武鬼怒川線
12：54
鬼怒川温泉駅(E)
☆イベント見学
15：07
↓特急「スペーシアきぬがわ6号」
17：19
新宿駅

2017年8月取材

新宿駅→浅草駅（地下鉄）…240円
浅草駅→湯西川温泉駅（東武線・野岩鉄道）…2060円
湯西川温泉駅→鬼怒川温泉駅…660円
鬼怒川温泉駅→新宿駅（乗車券＋特急券）…4000円

交通費　**合計6960円**

師匠から弟子へ

首都圏にある●●温泉駅とは？

首都圏で●●温泉駅と言えば、中央本線の石和温泉駅や吾妻線の小野上温泉駅・川原湯温泉駅、小田急線の鶴巻温泉駅、東武鬼怒川線の鬼怒川温泉駅が思い浮かぶが、東武特急「リバティ会津」が乗り入れる野岩鉄道には川治温泉、湯西川温泉、中三依温泉と3駅連続の温泉駅がある。今回は目的地が湯西川温泉となるのだが、弟子が間違えて川治温泉や中三依温泉で下車しないかと密かに期待。しかし、ヒントの出しすぎで弟子には簡単な問題となってしまった。

卒業試験

魅力的な旅程プレゼン

MISSION

「休日おでかけパス」を利用し、途中下車や鉄道の見どころ、駅グルメを堪能できる魅力的な旅程を作り、旅に出よ！

毎回、仕事とは思えぬフリーダムさで鉄道に親しんできたが、心残りがないわけではない。それは、蒸気機関車を見送るだけで、実際には一度しか乗っていないことだ。とくに下館と茂木をつなぐ真岡鐵道は、下館駅で二度も見学したのに乗れなかったおあずけ状態。師匠の指示である「休日おでかけパス」は下館までが有効区間なので、真岡鐵道と関東鉄道を網羅する「ときわ路パス」(73〜76ページ)も合わせて利用して、旅程を考えた。

くわえて「駅グルメを堪能」となると、駅弁と駅そば。個人的に駅そばといえば、巨大唐揚げが丼を覆い尽くす我孫子駅の『弥生軒』だ。この唐揚げそばに長く憧れている夫も同伴して、晩秋の休日、家を出る。

まずは新宿駅南口の「駅弁屋」に立ち寄り、湘南新宿ラインのグリーン車に乗る。日立駅から沼津駅までグリーン車を堪能するという体験(89〜92ページ)をして以来、すっかり2階席の虜《とりこ》である。下館駅でSL整理券を買い、真岡鐵道のホームに行くと、蒸気機関車が煙を吐きながらやってきた。

汽笛をひと声鳴らして、列車はゆっくりと走り始める。稲刈りはとうに終わり、木々の紅葉はさかりを過ぎて、車窓は全体的に冬枯れている。こうした北関東の乾いた風景は嫌いではないが、汽笛の音と相まって物哀しさは否めない。夫は「心中の旅みたいだ」と言う。「いや、生きて我孫子の唐揚げそばを食べるよ」と応える。真岡鐵道の「SLもおか号」は自由席なので、思いついたその日に乗車できる気軽さがいい。農作業をしている人、乳飲み子を抱えて列車を見に来ている人、写真を撮っている人、それぞれが手を振ってくれる。地元になじんだ乗り物なのだろう。心安まる光景だ。

市塙《いちはな》駅では、列車交換の間に、これからの急勾配を駆け上がるための燃料が補給される。一心に罐《かま》へ石炭をくべる機関助士さんの背中に胸が熱くなった。

終点の茂木駅では転車台を見学し、普通列車で折り返す。途中の真岡駅ではSLフェスタが開催中で、『キューロク館』では、乗車したC12より二回りほど大きいD51を間近に見ることができる。電車にはない圧倒的な存在感を前に、ありがたさのあまり手を合わせたくなるのだった。

右は「炙り牡蠣と煮あなご弁当」(宮城)、左は夫の「御鯛飯」(静岡)。朝からグリーン車で駅弁を食べる贅沢。

茂木駅の転車台。小ぶりなC12が「乙女の祈り」の電子音と共にくるりと回る。

上／市塙～笹原田間の急勾配に備えて市塙駅では石炭をどんどん罐に投げ込む。黒々とした煙が高く上がる。下／硬券には旅情を感じる。

冬枯れの北関東
唐揚げそばを目指す

下館に戻り、関東鉄道常総線で取手を目指す。夏の昼下がり、ただぼんやりと祭り囃子を聞いた南石下駅（70ページ）が、改装されてすっかり小奇麗になっていた。

取手から常磐線で我孫子駅。夫にとってはようやく目的地だ。ホームには関東特有の濃い出汁の香りが漂っている。唐揚げの大きさにたじろぐ初来店らしきサラリーマン、唐揚げのみを2つ、光の速さでかぶりつく部活帰りの男子、いつもの光景だ。ここの唐揚げそばを5分以内で無理なく食べられるかぎりは、自分まだやっていけるなと思う。夫は3分ほどで平らげて満足そうだった。とはいえ、夫婦して早食いでは、いつか体を壊すだろう。

普通列車は緑×赤で、すいか電車の愛称がある。一年中クリスマス、ともいえる。

①真岡駅にて。蒸気機関車が4台いる！ように見えなくもない。②動きを良くする油で光る動輪。色っぽい。③真岡駅のホームは、いたる所にSLモチーフがあって楽しい。祝！乗車90万人達成！

関東鉄道常総線の下館駅。まだ15時だというのに、冬の太陽が傾きかけて日暮れのよう。

我孫子駅名物、『弥生軒』の唐揚げそば400円。唐揚げ2個だと500円。濃い出汁と唐揚げが合う。

改札外だが、成田の駅そばにはラーメンがあり、これもおいしかったはずと、我孫子から成田線に乗り換えて向かう。だが成田に着いたころには日も落ちて辺りは暗く、どちらかといえばビールが飲みたい。成田山へ向かう参道にある、妙に広いバーで乾杯して旅を締めくくった。

バーの入り口に注意書き。一瞬、我々は入る資格があるだろうか、と考えた。

【旅程】

新宿駅 ☆駅弁購入
8：08
↓湘南新宿ライン・東北本線（宇都宮線）
9：30
小山駅
9：33
↓水戸線
9：54
下館駅
10：35
↓真岡鐵道「SLもおか号」
12：06
茂木駅
12：41
↓真岡鐵道
13：22
真岡駅 ☆『SLキューロク館』見学
14：20
↓真岡鐵道
14：45
下館駅
15：06
↓関東鉄道常総線
16：29
取手駅
16：34
↓常磐線
16：41
我孫子駅 ☆弥生軒
17：09
↓成田線
17：55
成田駅
19：47
↓成田線・総武本線
20：59
東京駅

休日おでかけパス …2670円
ときわ路パス …2150円
グリーン料金 …780円
SL整理券 …500円

交通費 合計6100円

2017年11月取材

師匠から弟子へ

SL列車と駅そばでこの旅のフィナーレ！

弟子が贈るおすすめプランは、2枚のトクトクきっぷを使用して蒸気機関車と駅弁・駅そばを堪能するというもの。1枚のトクトクきっぷを提示していたのだが、旅の幅を広げるために2枚を使ったところは流石《さすが》！これまでのミッションで培った応用力を見せつけてくれたのは、師匠にとってうれしい限りだ。普通列車グリーン車やSL列車、駅弁、駅そばと、自分の好みを盛り込み、最後は成田のバーに行き着くというのは弟子ならではだなと感じた。

卒業証書

弟子
屋敷直子殿

首都圏エリアの日帰り列車旅の楽しみ方や、身近な路線や電車の不思議などを、師匠から弟子へのさまざまなミッションを通じて体験・解明してきた。おトクなきっぷの使い方や時刻表から見た謎を解くミッションは、ある程度の鉄道知識がある弟子にとって、その力を磨く絶好の機会となったはずだ。回を追うごとに以前のミッションから得た知識を応用し、明らかにスキルアップしていることを感じた。今後も時刻表を隅から隅まで読み解き、列車旅の楽しさを満喫してほしいと思う。

師匠
結解喜幸

おわりに

Epilogue

　ひとくちに鉄道愛好家といっても、熱を上げる分野が少しずつ違う。ただ乗るのが好きな「乗り鉄」、乗るのは二の次で走行写真を撮る「撮り鉄」、走行音や発車ベル、車内アナウンスなどを録音する「音鉄（録り鉄）」、Nゲージなどの模型を集める「模型鉄」、ほか車両、線路、連結器、駅弁（の掛け紙）、切符、時刻表と、あらゆる分野にエキスパートがいる。さらに「乗り鉄」にも、全線完乗、全駅、全車両、海外と細分化は進む。でもこれはただの分類なので、人それぞれに鉄道への思いがあるだろう。

　あえてどのタイプかと聞かれれば、わたしは「乗り鉄」と答えるようにしている。乗ったことのない路線に積極的に乗りたいとは思うが、全線完乗を目指すほどではない。一方で、とくに目的はなくとも、その路線の終点までは行きたい（だから最低一回は往復する）。駅に降りて街を歩くのも好きだが、小さな駅の列車が当分来ないホームで簡素なベンチに座って1時間くらいぼんやりするのもいい。

　この〝駅ぼんやり〟はほんとうにおすすめで、草木の伸び具合、農作物の出来、鳥のさえずり、風の吹き方、雲の流れなど、四季折々の風情が何にも遮られることなく伝わってくる。夏は暑いし冬は寒い。でもその日、その時間でしか味わうことができない一度きりの風景だろうなと思う。目を奪われるような絶景より、そうしたなんでもない風景のほうが、かえって記憶に残ることがある。

月刊誌『散歩の達人』の「時刻表からはじめよう」という連載を振り返って思い出すのは、とりたてて使い道がないような風景だ。連載52回を通して千数百枚の写真を撮り、この本にも掲載しているが、自分の記憶に留まり続けるものは、残念ながら写真にはうつっていない。写真は記録であって思い出すよすがにはなるが、決定的な何かが欠け落ちている。わたしの写真技術がつたないという問題もあるだろう。だからこそ、自分だけにしかわからない、自分だけのための風景が愛《いと》おしく、忘れたくないと思う。

そうした風景は、なにも大がかりな旅行に出かけなくても、日常にも隠れている。いつもの路線、いつもの駅、いつもの道。そこからすこしはずれて未知の領域に踏み込んでみる。思いがけない小さな旅でしか見つけられない何かがあるはずだ。

文・撮影＝屋敷直子
（やしき・なおこ）

1971年、福井県出身。編集プロダクション勤務を経てライター。月刊『散歩の達人』では、とくに書店・鉄道に関する記事を多く手がける。ほか『旅の手帖』、『CREA』、『クロワッサン』などで執筆。鉄道ではとくに0系新幹線ラブ。カメラはRICOH GRシリーズを長く愛用している。主な著作に『東京こだわりブックショップ地図』（小社刊）、『鉄子の部屋』（同・共著）、『東京異景散歩』（辰巳出版）、『吉原と日本人のセックス四〇〇年史』（同・対談構成担当）など。

監修＝結解喜幸
（けっけ・よしゆき）

1953年、東京都出身。出版社勤務を経て旅行写真作家に。季刊『鉄道ダイヤ情報』創刊時から企画・編集に携わった鉄道のエキスパート。『鉄道ダイヤ情報』や『旅の手帖』の鉄道特集などで執筆。鉄道では昭和の薫りが漂うローカル線や、古き良き日本を感じる台湾の鉄道にはまる。主な著作に『台湾と日本を結ぶ鉄道史』（小社刊）、『台湾一周鉄道の旅』（光人社）、『台湾鉄道の旅2018』（イカロス出版・共著）など。

鉄トレ！

謎解き鉄道ミニトリップ

2018年3月14日　第1刷発行

著者　屋敷直子
監修　結解喜幸
デザイン　細山田光宣、松本 歩、松原りえ
横山 曜（細山田デザイン事務所）
イラスト　浅生ハルミン
地図　株式会社国際地学協会
元図制作　交通新聞クリエイト株式会社
編集　渡邉 恵
発行人　横山裕司
発行所　株式会社 交通新聞社
〒101-0062
東京都千代田区神田駿河台2-3-11
NBF御茶ノ水ビル
編集部　☎03・6831・6560
販売部　☎03・6831・6622

印刷／製本　凸版印刷株式会社
©Naoko Yashiki 2018　Printed in Japan

定価はカバーに示してあります。乱丁・落丁本は小社宛にお送りください。送料小社負担でお取り替えいたします。本書の一部または全部を著作権法の定める範囲を超え、無断で複写・複製・転載、スキャニング等デジタル化することを禁じます。

ISBN 978-4-330-86518-8